小さな平屋に暮らす。

編者／山田きみえ　写真／雨宮秀也

平凡社

目次

「小さな平屋」……4

第1章 私の家物語……7

庭を挟んでつながる、三棟の平屋。 設計／堀部安嗣……9
［設計ノート］空き地の雰囲気が残る風景に……26

里山の家と畑を育てて、十二年。 設計／高橋昌巳……27
［設計ノート］里山の地形と暮らしに添わせる……44

猫と暮らす、のびのび床座の家。 設計／加藤武志……45
［設計ノート］シンプルを求めて小屋のように……56

暮らしに合わせて、自在に住みこなす。 設計／東端桐子……57
［設計ノート］変化を受け止める工夫……72
四季の移ろいを愉しむ、小さなセカンドハウス。 設計／寺林省二……73
［設計ノート］自在に使う、必要最小限の家……82
畑の傍に、もうひとつの居場所。 設計／尾﨑大介……83
第2章 「小さな平屋」基礎講座……97
文・図・写真／越阪部幸子
第3章 建築家・堀部安嗣と「林芙美子記念館」を訪ねる。……113

「小さな平屋」

風景に溶け込む、控えめな佇まい。
育った樹木が、その家の小ささと低さを告げている。
頭上に広がる空の下、屋根が近い。
室内の床は地面に近く、大地へとつながっていく。
土間や中庭、縁側やデッキが内と外を結ぶ。

これ見よがしに我が家を誇ることはしない。
求めたのは、「巣」としての安心感。
そして日々の営みにふさわしい場、
居心地のいい場であること。

家の原型のように思える、小さな平屋は、
住まいに、暮らしに、
ほんとうに必要なものは何かを語りかけてくる。

第1章

私の家物語

比較的恵まれた広さの敷地に、
あえて小さな平屋（延床面積 約100㎡以下）を選択した六例を集めました。
「小さな平屋」とひと言でいっても、
さまざまな平屋のかたち、暮らしがあります。
その家はなぜその地に建てられたのか、
そしてその家ではどんな時間が流れ、どんな記憶が重ねられてゆくのか、
それぞれの家物語を住み手が綴る、あるいは語ります。
さらに、設計を手がけた建築家がその手法を解説します。

庭を挟んでつながる、三棟の平屋。

設計／堀部安嗣

食堂から図書室を見る。10歳になる娘が下校後、宿題に取り組んでいた。図書室は離れのような場で、いったん外に出て靴を履いて行く。左手、外物置のある場には屋根があり、雨の日も傘なしで大丈夫。

千葉県我孫子市郊外、幹線道路の脇道を入り、すこし奥まった場所に小さな切妻《きりづま》屋根の平屋が等間隔に三棟並んでいます。食堂棟と寝室棟と図書室棟。その間には、住み手の造園家・荒井清児さんの手になる原っぱのように自然な庭と、大谷石貼りの中庭。二つの庭と暮らしが一体となって、室内外のそこここに居心地のよい場があります。

予定のない日曜日の朝。静かにベッドを出て、食堂へむかう。

家の皆はまだ眠りの中だから僕はなるべく空気のように歩く。食堂には北と南に大きな窓があって、そのロールスクリーンを緞帳《どんちょう》のようにゆるゆると上げて朝の光を入れる。そしてお湯を沸かしながらぼんやりと庭を眺めてから、雲ゆきを確かめる。

すこし建て込んだ土地柄とはいえ、小さな庭を囲むように平屋があるので、屋根のむこうに隣家は見えず、僕らだけの空がある。喧騒や大自然から遠く離れた静かな場所にいるように感じられるのは、今日が日曜だからではなく、そんな空のおかげに違いない。屋根を自然に見上げることができるのは、平屋ならではのよさだ。

いま居るのが食堂棟、このほかに寝室棟と図書室棟があって、三角屋根が行儀よく三つ並んで建っている。食堂棟はその真ん中にあって、生活の中心だ。同じ形の三棟の平屋にはそれぞれに役割をもつ開口部があり、どれも違う形をしている。あるところでは腰窓に、別なところでは掃出し窓という具合に、必要なところに必要な開口があって、そのそばはどこも居心地がよい。これらは住みながら皆で発見してきた場所で、そのような場所が家中に点在していることを家族も喜んでいる。この歓びが設計者のねらいだったのか、僕らの宝探しの賜《たまもの》なのかはよくわからない。ただ、どの窓辺からも屋根や軒先が親しげに見えている。そして手が届きそうな空もそこにある。

床と屋外の段差は小さく、掃出し窓のある部屋では庭を室内の延長として使うこともできるから、部屋に緑を活ける必要を感じないほどの一体感がある。そのためか、窓から外を眺める視線は境界や地形を越えてずっと先までのびてゆく。見える範囲、聞こえる範囲、香る範囲の全部が平屋の一部のような気がしているのは、天井や床と同じものを外にも感じながら、地続きの大地が室内に流れ込むのを感じているからだと思う。子供と映画をみていて、ここにあるのはラプンツェルやジュリエットの階上からのまなざしではなくて、かぐや姫が縁側から眺める空や大地へのシンパシーなのだと知った。

低い平屋に暮らすと、社会や自然との間合いのとりかたを独習することになるようだ。その成果は、屋根と空、床と大地への特別な親しみとなって僕らの内に根を下ろしはじめている。

たとえば、調整のために立ち寄った眼鏡店での待ち時間に、平屋の開口をつくる建具についてふと思った。そのとき僕は、カウンターの上に置かれた鏡に映る、眼鏡をかけていない自分を見ていた。それは、いつもは眼鏡ごしに人と話し、周りを見ているはずの、ぼやけた自分の姿だった。普段の僕は寝ても覚めても眼鏡のことは忘れたままで、写真や鏡を見たときにだけ外から見た眼鏡の様子を知る。内からは眼鏡が窺い知れないうえ、眼を伏せた自分を見ることができないのは、そもそも眼鏡が外向きに見るためにあるもので、眼を開き、閉じるためにはつくられていないためだ。コミュニケートするための同じ孔で

上右／雨樋から敷地奥の貯水タンクで受けた雨水が、中庭に設けた溝を通って溜まる水盤。住み手のデザイン。
上左／玄関ドアを開けると廊下が奥へと続いている。正面は子供室。その左奥に寝室がある。
下／玄関から図書室を見る。左手は外物置。庭道具、DIY道具、日用品、避難用具、保存食品などを収納。この家には、生活の場を支える収納スペースが適所に設けられている。
左ページ／図書室棟から食堂（LDK）を見る。さらに奥は庭から寝室棟へ続く。屋根はガルバリウム鋼板、外壁は杉板・押縁。

ヴォールト天井に包まれた食堂棟。天井高は最頂部 275cm。右手の窓を開ければ風が抜けてゆき、外との一体感が強くなる。台所とを仕切る可動式カウンターの裏側は調理道具や食器を収納する棚。天井・壁は漆喰、床はタモで床暖房を設置。

あっても、そこが眼鏡と窓とではちがうと思った。眼鏡が開いた眼のためにあるのに対し、窓には表裏があるうえ、開閉の自在な建具を伴っている。焦点を合わせたり、視点をずらしたりすることも大切だけれど、どちら側から、そして何に向けて開いているのか（あるいは閉じているのか）を知ることは、単純ではないものの見方をするにはとても大事なのではないかと、輪郭の曖昧な滲んだ眼鏡のない世界に囲まれて思った。

空や大地や世間との間には開口がある。開口には建具があるから、環境は建具を介してある。住宅設計の名手たちが建具の設計に細心の注意を払うのは、建具が内外の関係、とりわけ眺めや出入りするときの気持ちに大きく影響することを心得ているからだ。彼らは建具という目立たないささやかな部分にも心血を注ぐ。建具の色形を声高に設計するのではなく、建具の態度を淡々と設計する。よく練られた建具ほど気付きにくいのは、家のあり方との調整が意図されているから。あるいは彼らが、使い手の気持ちの調律が促されるよう設計しているから。

このように意図された備えや態度を佇まいといいかえてもいい。この佇まいは絵画や彫刻の楽しみ方と同じで、対象をモノとしてではなく、語りかけてくるものとして接するほうが理解は深まりやすいだろう。僕たちが窓を通して空や大地と自由に接続できるように、平屋ならではの風景体験ができるようにと、建具そばでのできごとが設えられている。僕の想像を超えるデリケートな判断の先に導かれた建具たちが風景を縁取り、世界を開け閉めする。小さな平屋では外壁も内壁も限られるから建具が大事になる。壁が簡素であればこそ、建具が暮らしの仕付け糸のようにはたらく。

さて、常識的な平屋遣いであることにとどまって、手を動かそう。仕付け糸に応えて、平屋の身幅と着丈に動きを縫いとるのだ。撚《よ》りも色味もゆるい糸でいい。当て布もリサイクルでいい。型崩れもよしとする価値にざっくりと身を預けてみる。

この六年のあいだ、平屋と互いに寄り添うように草木を植え足し、屋根や室内に木漏れ陽が落ちるようハサミを入れ、実生の芽生えがあればそれを保護し、平屋の小ささが樹木によって活かされることを僕たちの歳時記としてきた。また、池を掘って屋根に降った雨を溜め、水面の反射を部屋に導いた。軒先に巣箱をかけて小鳥を呼び、ディンギー用の風見を据えて窓とストーブを操作する手がかりとした。いっぽう室内では、換気扇のうえに見守りの像を置き、本棚の一角を特別な飾り棚とし、朝日の射し込む小窓に並べる色ガラス瓶を選り分け、部屋の灯りと気流にあわせて手製のモビールを吊った。

子供は大きくなり、僕はその分だけ歳を重ねた。草木は旺盛に繁茂し、壁床のシミや色あせが増えた。それは子供にはデザインとクリエイトで、僕にとってはマネジメントとエイジング。見え方は違うけれど、平屋だけでなく、庭も大きな家具のように扱えるようになったことは、大きな収穫だった。

そしていま、僕たちはイヌを飼おうと思案している。もうひとつ小さな平屋を用意するのが目下の楽しみだ。

（荒井清児）

上右／白で統一した清潔感あふれる浴室。コーナーに採光と通風のためのガラスルーバー窓。洗い場上部にはトップライトも設けてある。
上左／トイレ。収納棚の上に住み手の趣味がさりげなく感じられる。左手には採光と通風のための窓がある。
右／寝室の床レベルは食堂より40㎝高い。造り付け収納棚の背面側にウォークインクローゼットがある。正面ドアの外は廊下に設けた子供用の収納棚。
左ページ／寝室もヴォールト天井。高さは最頂部245㎝。包まれるような安心感と広がりが感じられる。腰窓からは庭が見える。

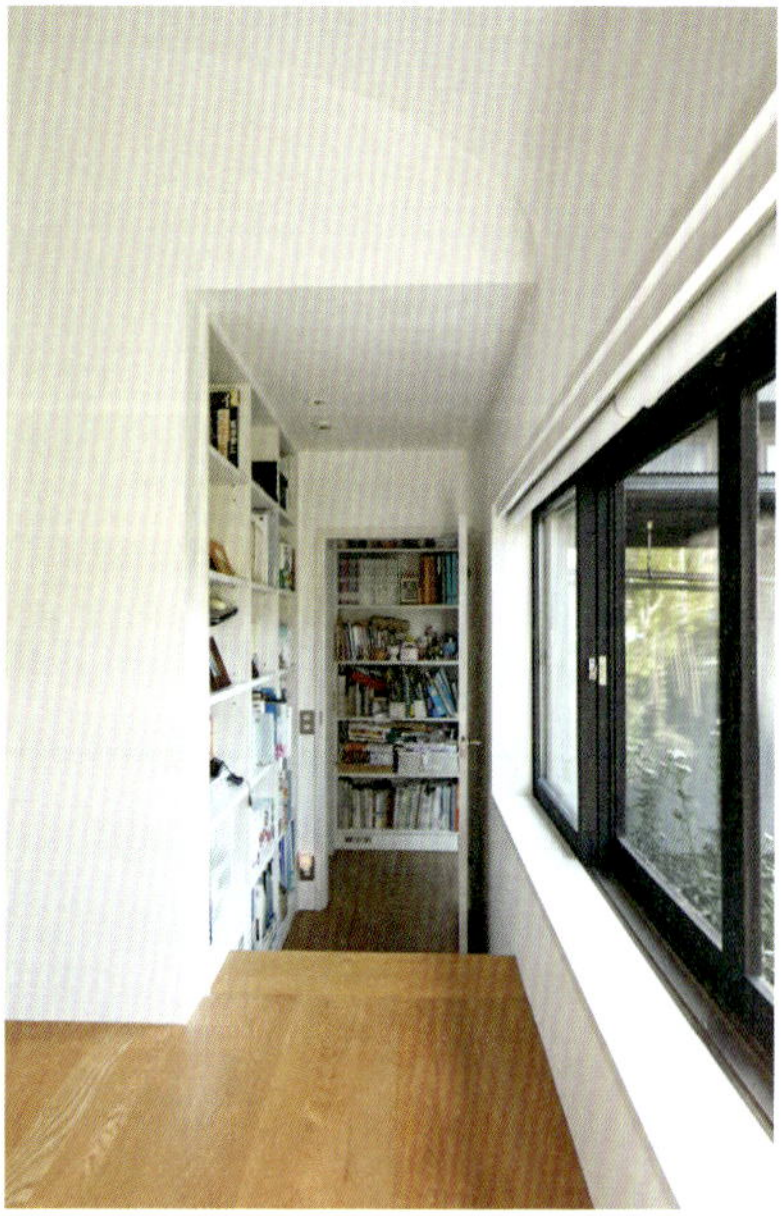

上／大谷石貼りの中庭を挟んで図書室（左）と食堂（右）。内と外に一体感がある。竣工時に植えた時は1m程のタチヤナギが大きく育った。正面はアプローチの階段へ。
下／家族のための図書室。エアコンも本棚におさまっているが、「夏は穴蔵のように涼しく、冬は薪ストーブと床暖房で暖かい。薪の燃える匂いも音もいい。居心地がよくてここを離れたくなくなる」。
左ページ／ストーブの反対側。天井高は最頂部280㎝。床はレンガタイル。天井・壁は漆喰。

下／寝室棟と庭。この庭は昆虫や野鳥の休息の場にもなっている。椿や紫陽花等々、実生の草木には「じゃあ、そこでそのまま大きくなりなさいよ」というのが、造園家の住み手の流儀。「ほどよく手を抜いているだけ」とのことだが、原っぱのように自然な佇まいがじつにいい。変わってゆく庭の魅力。
左／夕方、寝室の腰窓から庭を通して食堂棟を見る。さらにその奥には図書室。開口部はガラス戸、網戸すべてが木製建具。左手の外廊下には濡れ縁のような小さなデッキがあり、住み手がこの庭の風情に似合う竹の物干し竿を用意した。

上／北側から見る。切妻屋根3棟が等間隔で並んでいる。（写真提供／堀部）
下／幹線道路から未舗装の脇道をすこし行くと突き当たりに、切妻屋根の黒い平屋が見える。アプローチの階段右脇の梅の木は元々ここにあったもので建設中は他の場所に移して再びここに植えた。「土地の記憶として残したい」という住み手の思い。

【data】
所在地／千葉県我孫子市
敷地面積／213.18㎡
延床面積／84.11㎡
家族構成／夫婦＋子供1人
設計／堀部安嗣
（堀部安嗣建築設計事務所　Tel. 03-5579-2818）
施工／かしの木建設
竣工／2011年

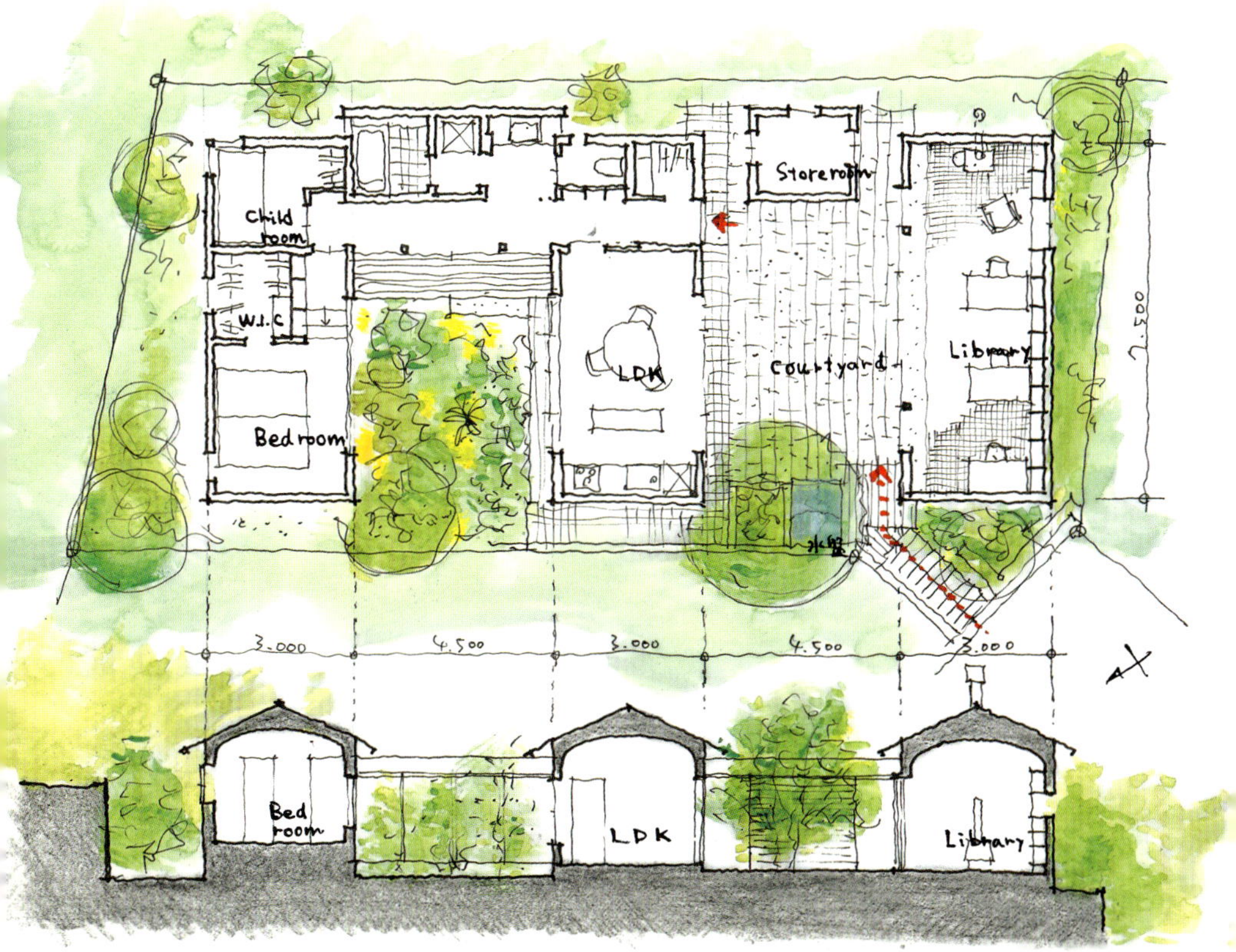

＊図面内の数字の単位はmm

設計ノート

空き地の雰囲気が残る風景に／堀部安嗣

木材の加工場や資材置場、造園会社の車庫や事務所、古い平屋の家などが高低差をもちながら建ち並ぶ中に敷地がありました。一昔前であれば、そこには土管などの土木資材などが無造作に置かれ、子供たちの格好の遊び場や秘密基地になっているような、そんなぽっかりと取り残されたような場所だったのです。このような場所に〝家〟然とした佇まいは似合わないと思いました。

家というより、工場の施設や資材置場のような、あるいは庭の物置のような、そんな即物的で質素な建物を利用して住まいとしている、そんなあり方がふさわしいのでは、と考えるようになったのです。そして建物が建った後も、かつての〝空き地〟の雰囲気が残る風景となることをイメージしてゆきました。

この場所に既製品のコンテナや物置のような建物をポン、ポン、ポン、と等間隔に三つ置く。たったそれだけのことで、そこに〝できてしまった〟内外のスペースから自然に生まれる、人の営為。

そんな簡単なつくり方を可能としているのも、造園家である建主の竣工後の外構設計や住まい方のセンスへの信頼があったからにほかなりません。

そして建物内外のスケールやディテールなどは、緻密に神経質に研ぎ澄ましているわけでもなく、けれども大雑把で無頓着であるわけでもなく、どちらとも言えないようなちょうど〝適当〟と思える地点を探り、その地点に留まることに注力しながらスタディーを繰り返したと言えばいいでしょうか。

その〝適当さ〟の探求により、あたかも人と建物が同じ眼差しと体温をもち、人の生活の動きや心理に幅が生まれ、そして包容力と応用力のある場所が生まれるのではないかと考えたのです。

いつ訪れても建主のつくった庭と生活が調和し、また建物をまるで身体の延長のように、あるいは家具のように使っている光景を眺めることができます。

里山の家と畑を育てて、十二年。

設計／高橋昌巳

木々の向こうに見え隠れする西側外観。妻側上部の外壁は土佐漆喰。手前は緩やかな斜面になっている。

埼玉県所沢市南部、狭山丘陵の一画、雑木林が残る広い敷地に建つ、東西に長い平屋。竣工後十二年が経った、石田裕之さん・順子さん夫妻の家です。建てるときから夫妻は家づくりに参加し、妻は住み始めて一年後に小さな畑を始めました。家のどこかに不都合や不便があれば自分たちで直したり、作ったり。二人で家を育ててきました。

――敷地と設計者はどのように決めましたか

夫　いよいよ家を建てようとなったとき、地元の不動産屋を通して見つけたのが、この土地でした。自然がそのまま残っていて、ロケーションが抜群にいい。会社までは車で二五分くらい、最寄り駅からも徒歩圏で、およそ一五〇坪の敷地。市街化調整区域なので価格も手に入れやすかった。

妻　住まいの雑誌を見ていて、気に入るのはたいてい高橋さんが設計された家でした。木組みの見える、住み心地のよさそうな木と土壁の家。出した要望は、土間と囲炉裏《いろり》、開放感のある温泉のようなお風呂が欲しいということ。私は東京の街なかで生まれ育って、田舎がなかったので昔の農家のような家に憧れがありました。

夫　スキーや温泉に出かけて泊まった宿で、こんな雰囲気の家がいいねとよく話していた。でも私は、とにかく広い車庫を、ということだけが条件（笑）。

妻　それから、私は結婚後も仕事を続けているので、無駄に広い家は掃除が大変だから、こぢんまりした家がいい、と。

——最初から平屋を考えていたのですか

妻　私は漠然と縁側のある平屋がいいと思っていたんですが、もともとこの敷地内に建っていた家もそんな平屋でした。おばあちゃんが住んでいて、以前は畑もやっていたようです。すっかり雑草だらけになっていましたけど。

夫　縁側に腰掛けて、目の前は畑というイメージだね。こういう雑木林が残っているような場所だったら、誰でも平屋を建てるんじゃないかな。でも、高橋さんから提案された平屋は地上から1・5mの高床で、全然平屋らしくない。最初は、えっ？　て感じでした。

妻　地面に近い、普通の平屋を想像していたから。

夫　高橋さんの説明では、斜面になっているこの土地の個性に合わせて家の形を決めた、と。それで高床なんですね。たしかに、地面にぺたっと家を建てていたら、南側の雑木の山を見上げる感じになっちゃったかもしれない。

妻　完成したら、高床に違和感はなかった。一般的には平屋はワンフロアだからバリアフリーといわれるけれど、この家は床の段差があちこちにあります。でもそれがいいんです。全体はつながっているけれど、それぞれの場の違いを感じさせてくれて。それにこの家は小さいからかもしれないけど、使わないところが全然ないですね。

夫　通り土間は地べたから続いていて、イメージに近い。玄関脇の薪ストーブのあるところは、最初は三畳の畳敷きで私の趣味室だったけれど、冬あまりに寒くて、四年目に床を敷瓦に替えてストーブを入れたんです。三和土《たたき》の土間とつながって七畳程の、すごく居心地のいい場所になった。土足のままで出入りできるから楽だし。

踏石を配したアプローチが玄関へと導く。敷石などの外構も夫の手になる。秋はヤマモミジの紅葉が迎えてくれる。建物の右側は床レベルが上がっている。

竪格子の引戸を開けて玄関に入ると、三和土の通り土間が奥の庭へと続く。正面にイロハモミジが植えられ、地面には苔が美しい。初冬の陽光が奥深く射し込む。ガラス戸の手前の舞良戸はトイレ。

妻　夏は風が抜けて涼しいし、冬は薪ストーブで暖かい。季節を通じて快適な場所ですね。二人とも外仕事の合間によくここでお茶飲んで休んでます。秋は南庭の真正面に色づいた紅葉が見えるし、冬は土間に陽が深く射し込んで、とてもきれい。

夫　薪ストーブの火をぼーっと眺めてるのが好きで、十一月頃になると早くストーブを焚きたくなっちゃう。薪はこの敷地内の木々を、手入れを兼ねて伐ったものや、知り合った製材所や大工さんからもらったりして、買ったことは一度もありません。

――まさに里山の家、木々の手入れが大変では？

夫　薪にする材は、できる範囲は自分で梯子に上って伐ってたけど、昨年は南側の大きなカシの木を三本、高木剪定《せんてい》をする「空師《そらし》」と呼ばれるプロに根元から伐ってもらったんです。梯子は使わず、ロープを木に掛けて上って枝や幹をチェーンソーで伐ってウィンチを使って下ろす。プロの仕事はやっぱり違いますね。残したカシ三本も剪定してもらったら樹形が現れて、こんなにきれいな形をしてたんだって驚いた。

妻　繁りすぎて陽射しを遮っていたんですね。木を伐って枝葉を剪定したら、家の中がすごく明るくなりました。カシ、ケヤキ、クヌギ、カキの木などはもともとここにあった木ですけど、モミジとシダレザクラは造園屋さんに植えてもらって、ナナカマドやヤマボウシ、ナツツバキなどを自分たちで植えました。

夫　今は実生の木がいろんなところに生えてる。こういうところでは、ほんとは木を買わなくていいんですね。南庭も杉苔を植えたけどすぐに枯れちゃって、今は自生した苔がすごくきれいに育ってます。落ち葉は苔を駄目にしちゃうらしいので、落ち葉掻きは欠かせ

上／南東外観。東西に長い端正な佇まい。屋根は燻し銀の和瓦。外壁は表面を焼いて耐久性を高めた焼き杉板。煙突の左側は車庫（49㎡）で、右側が生活空間（53㎡）。
下右／玄関土間から大谷石が敷かれたポーチ方向を見る。右手に薪ストーブ室。
下左／通り土間。ケヤキの式台を上り、左奥の階段を上り、広間（板の間・畳の間）へ。

上右／薪ストーブ室。当初は3畳の畳部屋だったが、敷瓦の土間に改修。ベンチ背後のすだれを上げると車庫が見える。
上左／天井の高い車庫。木工作業場にもなっている。作業机や道具の収納引き出し等はすべて夫が製作。内部は使いやすいように見事に整理されている。
下／広間・板の間を見上げる。電気の配線が下からは見えないように7寸角の梁の上に施し、照明器具をうまくおさめている。
左ページ／広間。右手は台所。上半分を下ろす「月見障子」は冬、下から冷気が入らず、座っていると視線が遮断され、囲まれ感があって落ち着く。畳の間には座卓を作り替えた掘り炬燵。板の間の床は38㎜厚のサワラ縁甲板。梁はアカマツ、柱はヒノキ。壁は竹小舞下地・名古屋黄土中塗り仕上げ。夏は囲炉裏にサワラの蓋板をする。

上右／台所の床は広間側に座った人との目線が合うように、30㎝低くしてある。シンクでコーヒーの準備をするのは妻の順子さん。左奥は食器棚をL字に造り付けたパントリー。
上左／台所、右写真の反対側。ガスコンロはシンクのあるカウンターには設けず独立したコーナーに。火に向かう時は話している暇はない。窓辺なので換気扇の設置にも都合がよい。
下／敷地の南側、樹木に包まれた浴室。天井・壁はサワラ、床と腰壁は十和田石、浴槽は高野槇。手前に洗面・洗濯室がある。

上／正面は雑木林に向かって半島のように突き出した浴室・洗面・洗濯室。左側は広間。昨年、新たに作り替えたデッキと物干し。
左／四畳半の和室は寝室。地窓から静かな光が射し込む。い草の畳表に藁床という本格仕様。

ない。昨春、裏庭に薪小屋を作りました。

——この家が暮らし方を変えたのでは？

夫　家がというより、この場所に引っ越してきて自然にこうなったという感じですね。

妻　自分で野菜作るとは思ってなかったけれど、ここに住んで、周囲の樹木に興味を持ち始めてから、その延長線上で畑をやってみようかなと。畑作りは何も知らなかったので、本を読んだり、有機農業を半年ほど習いに行きました。畑仕事は種蒔き、草刈り、堆肥作り、収穫など一年中何かしらすることがあって、休日が忙しくなりましたね。

夫　旅行や買い物に出かけることが減って、家に居る時間が増えたね。私は大工仕事や薪割り……とか。たしかに時間の使い方が変わりました。

妻　掃除は週末に掃除機をかける程度で、床の雑巾がけはたまにです。ただ台所とお風呂も木なので、使い終わった後、きれいにしておくことは心がけてます。

夫　風呂場は木の浴槽を出る時に拭き上げて、スノコは毎日上げて干す。窓も全開して風通しをよくしてるね。こういう家は手入れをしていれば、むしろ十年位経ってからよくなるんじゃないかな。

妻　このあいだ仲間が遊びに来て、「この家は旅館みたいだね。これなら帰って来たくなるよ」とか言ってました。

夫　「物が増えない」とか「きちんとしてる」って、よく言われるけど、「買ったら捨てる、捨てられないなら買わない」が、うちの家訓。それから、使ったものは元に戻すというだけの、シンプルな話。

妻　私はこっそり買って、ぎゅうぎゅう詰め込んでる（笑）。でも、屋根裏スペースが大きな納戸として役立ってますね。

——住みながら手を加えてきた家ですね

夫　最初から完璧な家なんてないと思うんです。不都合があれば直せばいいし、足りないところは作ればいい。この家も、手を入れながらだんだん住み心地をよくしてきた感じですね。

妻　家を建てているときから、週末は職人さんに教えてもらって、土壁の小舞掻きや、バーナーを使った焼き杉板作りなど、自分たちでできることは何でもやってきました。とくに夫は大工仕事が得意で、「うちの専属大工さん」（笑）て呼んでます。

夫　当初は材料や技術の知識がなかったから、高橋さんや職人さんにいろいろ教わりました。黴《か》びてしまった合板の棚板を無垢板に替えたり、納戸やガレージの収納も作ったし、広間の座卓もケヤキで作りました。外まわりでは、ウッドデッキの上り下りが大変だから木製の階段を設けたし、農具や肥料を入れる農小屋や、落ち葉や生ごみを処理する堆肥箱も作った。斜面には上りやすいように石段を作って、休憩するためのベンチやテーブル……。要望があれば何でも、だね。

妻　十年目には、デッキが傷んできたので、全部作り直してもらいました。新たに土台を作ってデッキを拡げ、布団を干せる手摺りも付けたから、とても使いやすくなった。昨年は、畳の間の座卓を掘り炬燵式に作り替えました。長く座っていると膝が痛くなっちゃって（笑）、すこし前から提案してたんです。

右ページ／昨春、夫が作った薪小屋。これだけの量の薪割りは「けっこう重労働」。
上／南側の斜面に作った畑。雑草だらけの土地だったので、二人で抜いて均して畑に。冬はネギ、ニンニク、タマネギ、エンドウ、ブロッコリー等々。
下／1畳程の農小屋。農具や肥料などを収納するために、夫が作った。土台は高橋さんにもらったクリの端材、本体はホームセンターで買った杉板を使用。年月が経って杉皮葺きの屋根に苔が生え、いい風合いに。

夫　これは大工さんに頼んで、私はその手伝い。わりに簡単に替えられたのは、家が高床式で床下はたっぷりあるからですね。畳の表替えも畳屋さんに頼んで、最後に私が座卓の脚を下の造作に合わせて付け替えました。

＊

夫　この家を建ててすごくよかったと思うのは、こういう機会がなければ知り合えなかった人たちと親しくなれたことですね。高橋さんをはじめ、大工さん左官さん建具屋さんガラス屋さんとか……。高橋さん率いる職人チームはみんな仲がよくて、そこに仲間入りした感じです。それと高橋さんに設計を頼んだ建て主さんたちとも仲よくなって、この家を建ててるときも、焼き杉板作りやガレージの壁塗りを手伝ってくれました。経験上、大変な時期と作業がわかるから、と言って来てくれて。

妻　あの時は助かりましたね。建て主さんや職人さんたちとは今でもよく会って飲んだりしています。とてもいいつながりができました。

夫　家もだいぶ落ち着いて、そんなに手を入れるところもなくなってきた。今後はメンテナンスとか傷んだ設備を交換するくらいかもしれない。

妻　畑の傍《そば》に、ちょっとひと休みできる四阿《あずまや》のような小屋を建てる計画もあるでしょ。三年前に基礎だけ作って放ってあるので、今は丸太で作ってくれたベンチで休んでるけど。

夫　畑まわりのものはまだいろいろ出てくるかもしれないね。それから車庫の吹き抜けスペースがもったいないので、梁《はり》の上に床を張って中二階に大広間をつくろうかとか、時々、大工さんと話してるんです。まぁこれは今のところ構想だけですけど。

（夫／石田裕之　妻／石田順子）

【data】
所在地／埼玉県所沢市
敷地面積／ 513.56㎡＋畑
延床面積／ 102.45㎡（小屋裏階は除く）
家族構成／夫婦
設計／高橋昌巳
（シティ環境建築設計　Tel. 03-3978-0604）
施工／直営分離発注方式
竣工／ 2005年10月

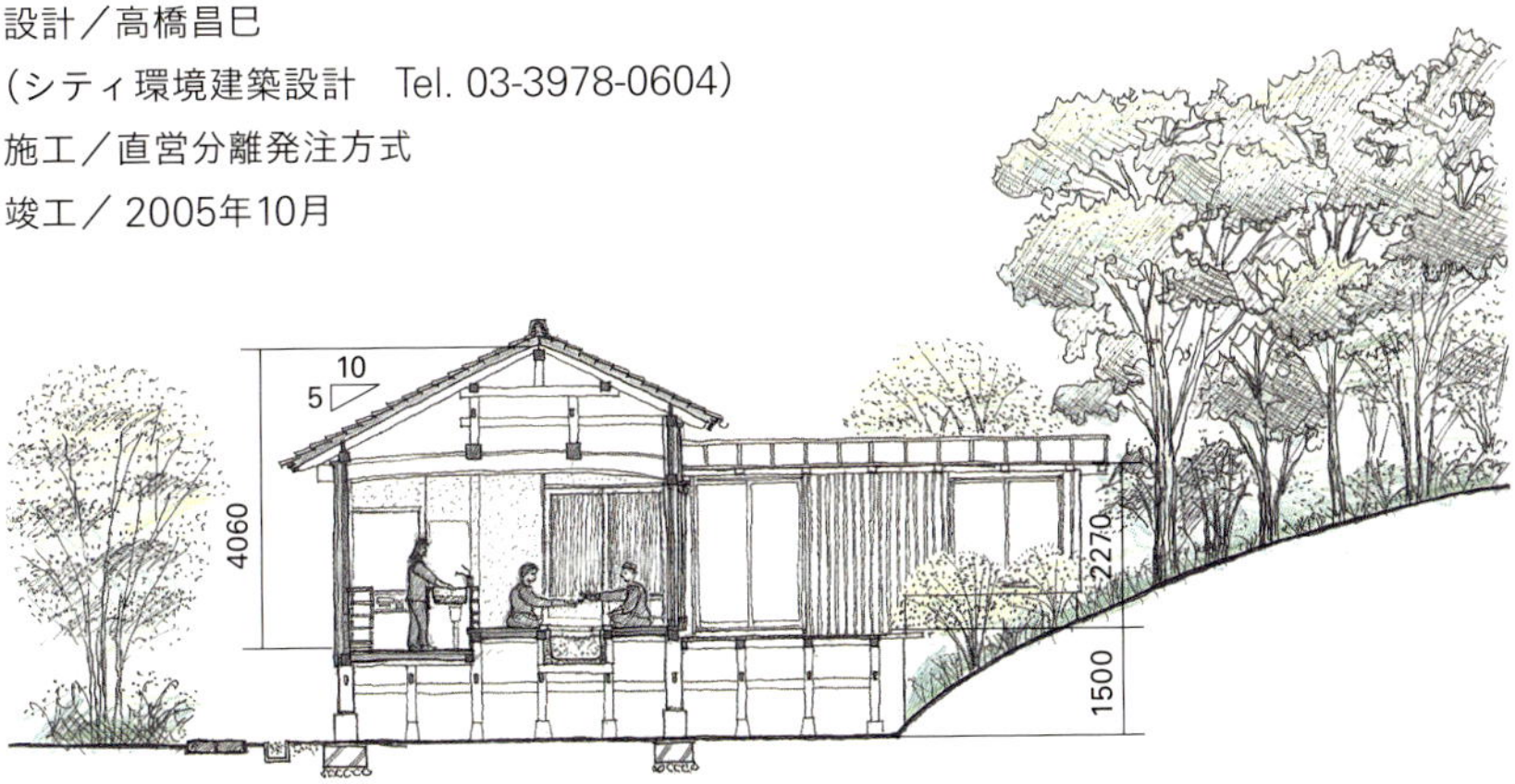

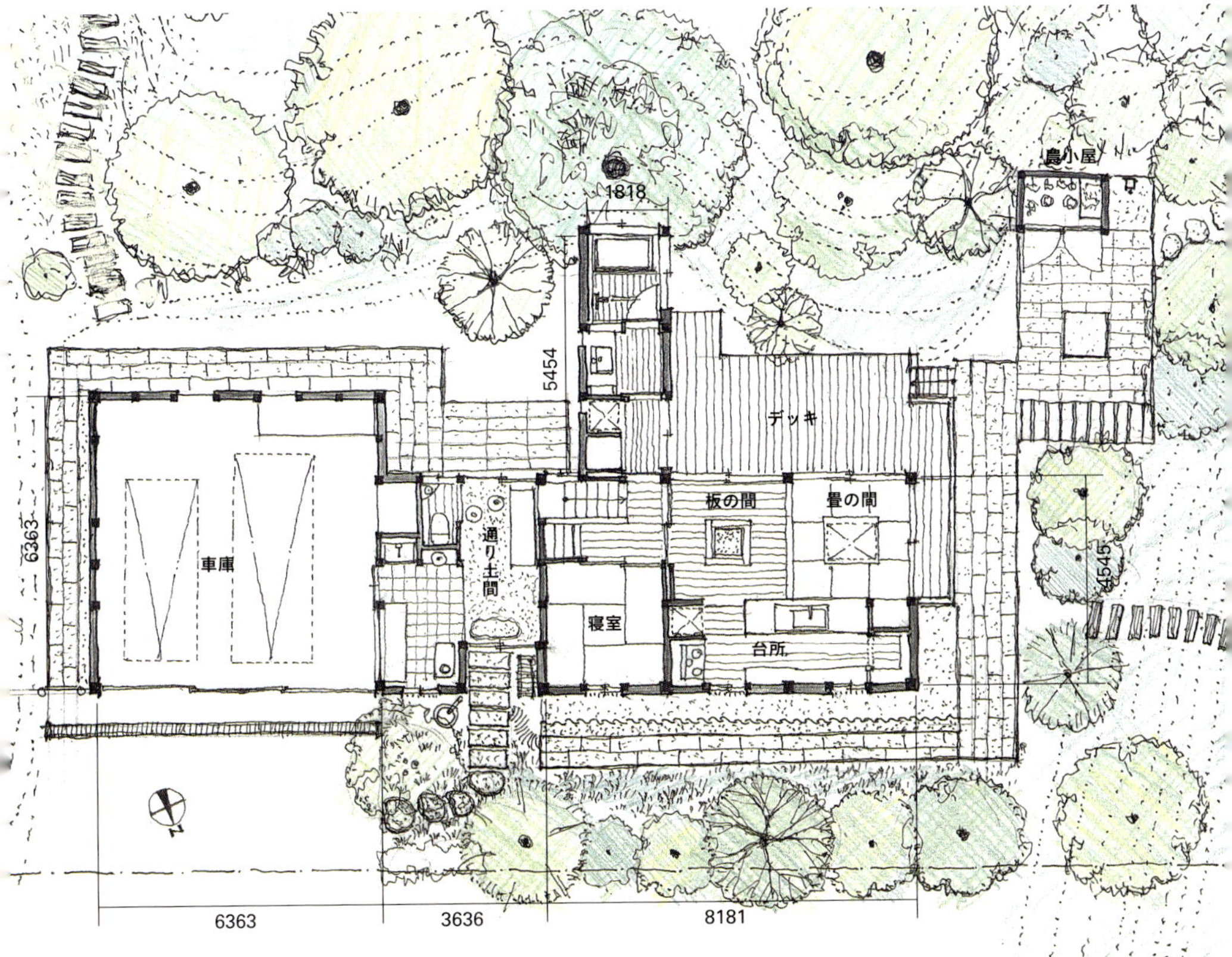

設計ノート

里山の地形と暮らしに添わせる／高橋昌巳

二〇〇四年四月二二日、石田さんから「家づくりを考えていて、明日土地の売買契約をするので、一度見に来てほしい」という初めての電話が突然あり、その日の夕方に埼玉県南部狭山丘陵に急ぎました。尾根地に残った里山農家の屋敷を会社同僚と折半して購入する予定で、雑木林に面した南側敷地か、日当たりの良い北側敷地のどちらを選ぶかの判断をしてほしいとのこと。里山の風景をそのままに残した敷地全体をゆっくり歩いて、迷わず南の山側敷地を勧めました。石田さん夫妻も、日当たりは多少難があっても、家に居て自然を身近に感じられる敷地を希望していたとのこと、土地選びはすぐに決まりました。そのとき私は、地形に添った平屋の家をイメージしていました。

元々そこにあった農家のように、樹木に囲まれ風景に溶け込む家づくりを目指しましたが、敷地の南側3割を占める北斜面の敷地をどう活かすかが課題でした。眺望と日当たりのよい食事空間、露天風呂感覚の浴室、北側の庭と南の雑木林をつなぐ通り土間、などの要望を満たす平屋の家。まず、部屋の床レベルを平地から1・5m上げた高床とし、浴室まわりを半島型に飛び出させて一部を地面に埋め込むことで、雑木林と室内をぐっと近づけることにしました。

東西に長い家の中央に設けた三和土の通り土間は、南と北の庭、居室と車庫を結ぶ拠点です。部屋の区切りは最小限にし、段差や素材の違いで場を分けながらつなぐことで、無駄のない、こぢんまりとした家になりました。

家は永く住めば傷んだ箇所も出てきますが、自分たちで手に負えない場合、専門の職人に依頼する関係ができていれば安心です。この家は、建て主が家づくりに関係する専門職と直接契約する分離発注という方法で施工しました。そのため石田さん夫妻は事前に職人たちと知り合い、工事中から一緒に竹小舞掻き、荒壁塗り、土間の三和土、羽目板の焼き杉、木の棚づくりなどを経験することで、家の手入れを楽しむ心のゆとりが生まれたように思います。

石田さん夫妻のように欲しいものがはっきりと見えているほど、家の形や間取り、素材や構法まで一貫して、暮らし方に添った家になります。時間とともに味わいが増し、周囲の景観と馴染み、やがてはなるべく害を出さずに土に還る家。地場の木材を組み、和瓦で屋根を葺き、竹小舞を掻いた土壁に内壁は漆喰や色土を塗り、外壁に羽目板を張ったこの家の手法は、きっとこの国の風土に馴染んでいるからこそ現在も各地で続いているのではないでしょうか。

猫と暮らす、のびのび床座の家。

設計／加藤武志

南外観。ガルバリウム鋼板の切妻屋根は棟の位置をずらして左側を短く、勾配を急にしてある。

千葉県いすみ市の住宅団地。緑の生垣に囲まれ、生い育つ木々の下に、控えめに佇む平屋です。共働きの若い夫婦が希望したのは、二匹の愛猫と楽しく暮らす、床座の家。予算に無理なく掃除が楽なよう、最小限の家にします。杉板の床にのびのび寝転び、夏は木陰を、冬は陽だまりを追って遊ぶ。暮らし始めてから畑をつくり、鶏小屋を建てました。

朝、チャボの鳴き声で目が覚める。チャボはよく鳴くので、ご近所の迷惑にならないよう雄鶏だけは毎晩、玄関に入れて寝る。そして翌朝ひとしきり鳴き終わってから、庭に出す。夫がもらってきたチャボは、いま三羽。よく卵を生んでくれるし、フンは堆肥にして庭に蒔く。夫は、いつもチャボを眺めながら暮らしたいと、鶏小屋をワークスペースの前に建てた。朝の身支度のときも、窓越しにチャボの様子を見ている。

七時過ぎに夫が出勤したあと、私は猫たちとゆっくり朝ご飯。ここに越して来てから午後出勤に変わったので、午前中に猫の世話や庭仕事をこなす余裕ができた。

二匹の猫たちは私が独身時代から飼っていたので、もう十四歳になる老猫だ。元気に飛び跳ねて遊ぶことはなくなったけれど、冬は陽だまりを追いかけてあちこち、窓辺や床に移動して過ごしている。床板は無垢の杉張りで、食卓なども同様に、大工さんが作った。杉は軟らかくて傷つきやすいが、人にも猫にも優しい素材だと思う。休日は猫といっしょに、のんびりしている。

冬の陽射しは東から西へずーっとまわって、昼食の頃には台所の足下にも当たる。天窓からもたっぷり陽光が注ぎ、白壁に反射して家の中が明るくなる。

昼過ぎ、私が家を出ると猫たちは留守番だ。夏に閉じ込めておくのは心配だが、寝室とワークスペースにあるジャロジー窓を開け放しておけば、涼しい風が通り抜ける。竪格子を備えているので防犯上も心配ない。風通しがよいからだろうか、珪藻土《けいそうど》の塗り壁の効果だろうか、猫の臭いはまったくしない。

*

家を建てるとき、建築家の加藤武志さんには、猫たちと楽しく暮らせる家を設計してほしいとお願いした。それから、共働きで二人とも家事は苦手だから掃除の楽な家がいい。椅子やテーブルなど家具はなるべく持たず、シンプルな床座の暮らしをしたい。予算的にも余裕をもてる必要最小限の家でいい。将来もし必要になったときは増築できるよう備えたい。いつか犬を飼いたい……。

そんな私たちの希望を聞いて、加藤さんが平屋を提案してくれた。平屋は庭との距離が近いので、デッキから出て畑の菜っ葉を摘んだり、夫が七輪で魚を焼いたり、身軽に動けて便利だ。

庭には造成時に植えられていた樹木もあるが、マキの生垣など多くは地元の植木屋さんに相談したり、ホームセンターで苗木を買ってきたりして自分たちで植えた。足下は全面に芝生を張る計画だったが、あるとき突然、夫がサツマイモの苗を植えた。それが始まりで、陽当たりもいいし畑をつくろうかということに。いまではタマネギ、ニンニク、レタス等々、だんだん畑の面積が多くなった。夏には食べきれないほど、新鮮な野菜が採れる。

春夏秋冬、窓外の景色は驚くほど変化する。最初に梅が咲いて、桃から桜へ、新緑から

右上／台所の棚上から続くキャットウォークで、猫たちは猫部屋まで自由に出入りする。袖壁に備えた三段のステップからも上ることができる。
右下／猫部屋から出てキャットウォークを歩いて台所へ。

茶の間から台所までひとつながりに切妻屋根が覆う。床と座卓は徳島産の木頭杉にリボスオイル仕上げ。床は赤身で色を揃え、145㎜と幅広にして広く見せる工夫。温水式床暖房を設え、台所と座卓とワークスペースが個別にON／OFFできる。

深い緑へ。盛夏には空まですっかり緑に覆われて外から家が見えないほど、まるで森の中に居るようだ。夏の陽射しは軒の出が遮ってくれる。人も猫も、気持ちのいい居場所を見つけて、床の上に寝転んだり木陰のデッキで涼んだり。

家の中心にある「猫部屋」は、猫がご飯を食べたりトイレを使ったりする場所。来客の際は猫たちを隔離できるが、格子戸なのでお互いの気配は伝わってくる。ただ、猫たちはキャットウォークを伝って自由に出入りしていて、ほとんどここに居ることはない。だから猫部屋はもっぱら私たちの収納庫として役立っている。

庭に植えた草木は、育つもの枯れるものいろいろだ。最近は野生化したキョンが出没するので、ご近所の皆も困っている。「自然」に向き合えば、やってみないとわからないことばかり、計画通りにはいかないものである。

十七坪の小さな家。大きな家でも困ることはないと思うけど、暮らしてみてわかったのは、大きい必要はなかったということ。庭に開いているので、狭さを感じることはない。どこでも手が届く、目が行き届く。これから先、暮らしが変われば住まいも変わっていくかもしれない。けれど、いまの私たちにはちょうどよい平屋だと思っている。

（妻／談）

上／猫部屋のガラス欄間の隅に、キャットウォークへの小さな引戸が。
下／台所から猫部屋を見る。右手にワークスペース。猫部屋の間仕切りは格子戸、床は抗菌性のあるリノリウム。廊下の天窓から陽射しが入る。壁は珪藻土をメインに、ゼオライトを漉き込んだ越前和紙。

右ページ／茶の間から続くワークスペース。作業カウンターに向かうと正面に鶏小屋を眺めることができる。奥に竪格子を備えたジャロジー窓。
上右／茶の間からデッキを介して庭が近い。建築家の加藤さんと住み手。
上左／寝室。夏の留守には寝室とワークスペースのジャロジー窓を開け放して通風。
下／ジャロジー窓の外側の竪格子。

右／平屋に暮らし始めて、庭仕事は楽しみの一つになった。
左／チャボたちの小屋は夫のDIY。夏はブドウ蔓が覆うので涼しい。フンは籾殻と混ぜて発酵させ堆肥にする。
下／外壁は地元、千葉県産の山武杉15㎜厚。赤身のなかでも脂分の多い黒芯をあえて選び、天然原料の木材保護剤ウッドロングエコを塗布。6年を経て味わいある灰色に変化した。

【data】
所在地／千葉県いすみ市
敷地面積／ 416.62㎡
延床面積／ 56.31㎡
家族構成／夫婦
設計／加藤武志
（加藤武志建築設計室　Tel. 047-322-2132）
竣工／ 2011年5月
施工／中野工務店

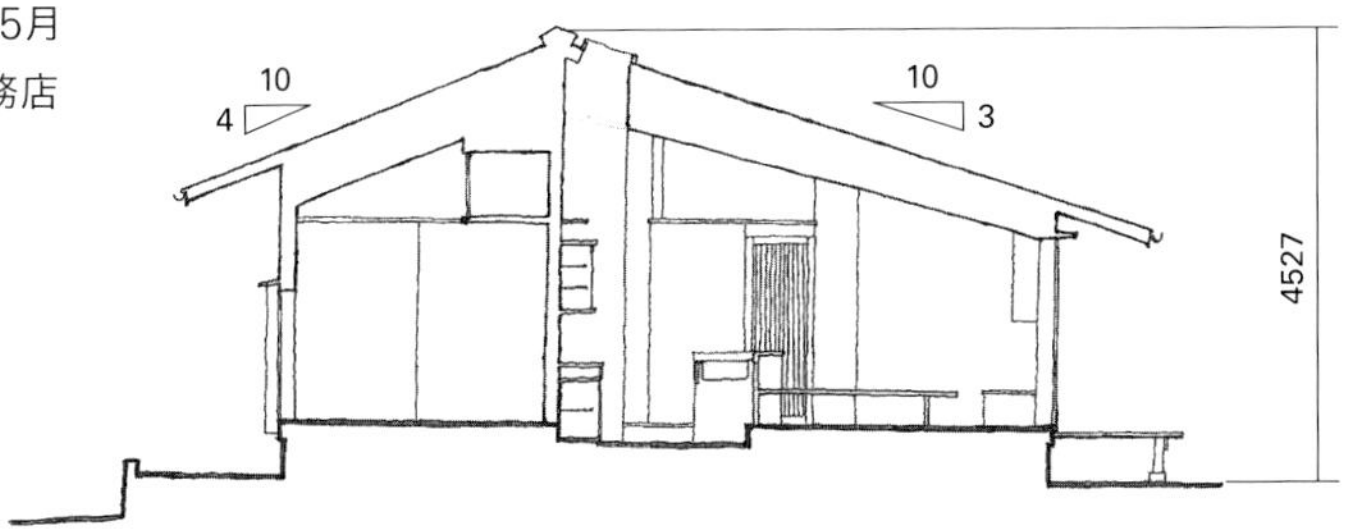

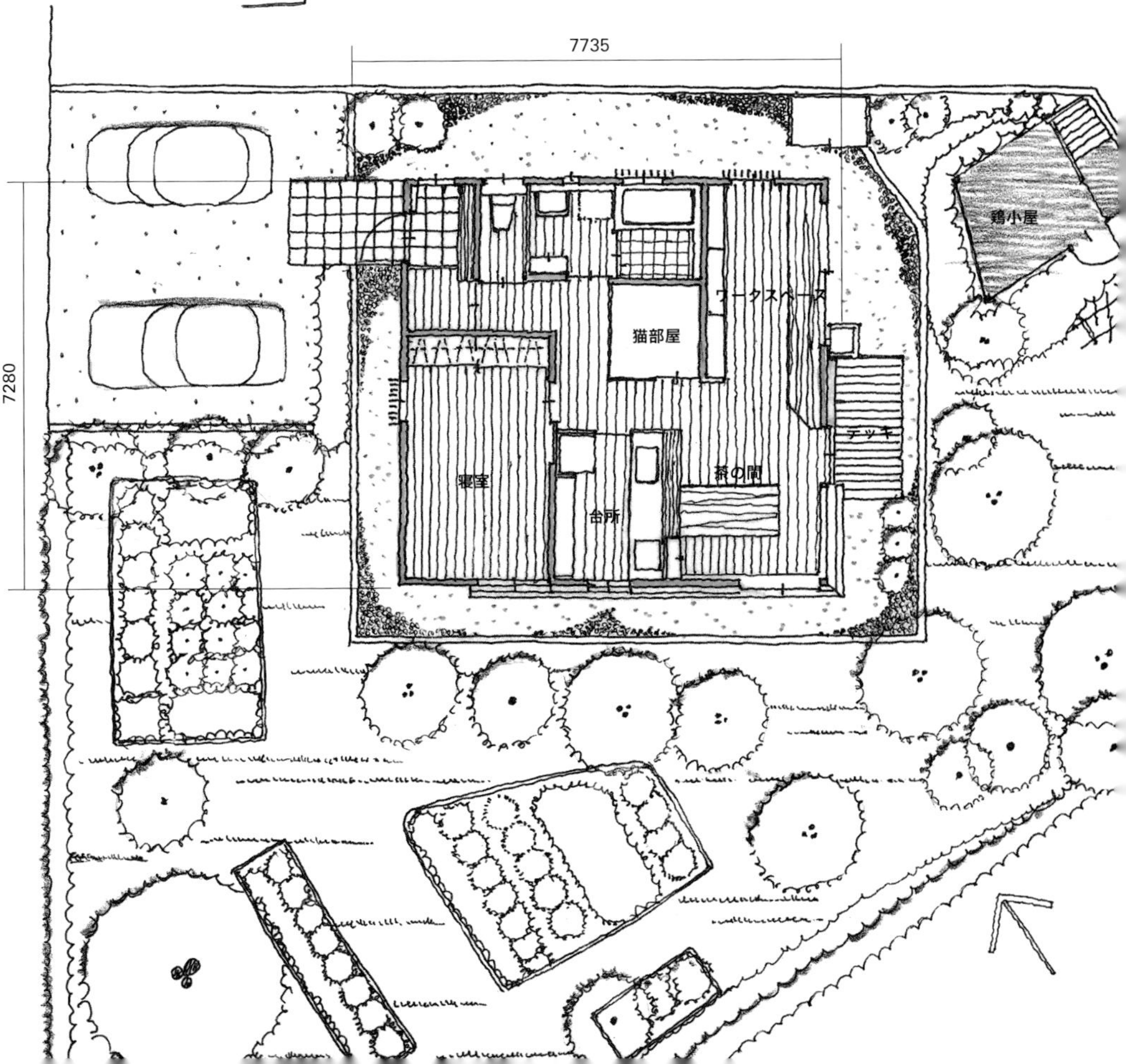

設計ノート

シンプルを求めて小屋のように／加藤武志

扇状に広がる大きな敷地を見て直感的に浮かんだ景色は、深い木々の中に埋もれるように建つ小さな小屋の情景でした。森のような庭の中に小屋の佇まいの家をポンと置くという魅力的な設定を基に、家は低いプロポーションで庭とのつながりが強くとれる平屋建てにして、庭全体を見渡せる扇状敷地の要の位置に配しました。

建て主夫妻が、共に暮らす愛猫を見守り、気配を感じることができるように、家のほぼ中心に猫の小さな部屋を置き、それを取り囲むように寝室と台所、茶の間、ワークスペースをひと続きに配置しました。猫の部屋は入口を木の格子戸に、上部をガラス欄間にして生活空間とつなげ、さらにそこから茶の間までは部屋の周囲にキャットウォークを巡らせ、その先に猫のステップも作って、猫たちとの楽しい暮らしができるようにしています。

茶の間は家の東南コーナーに配し、庭のほぼ中心にくるようにして、庭に対して二面に大きな窓を開き、緑の中にいるような暮らしを楽しめるようにしました。夫妻は木の床の感触と、椅子等の家具を使わない床座の生活を希望されたので、床は肌触りがよく柔らかい杉の板張りにして、茶の間のテーブルや作業カウンターなども座卓にしました。床座で目線が下がるため窓の高さも低めに抑えたので、部屋全体の重心も下がり、室内に落ち着きと安定感をもたらしています。

設計時、延床面積は十七坪という必要最小限のスペースに抑え、将来家族が増えたときに必要な部屋を増やすという方針を立てました。ここでは寝室側に増築を予定し、接続部が通路でつながるよう、非耐力の壁にしています。また屋根の増築対策としては、棟の位置をずらして寝室側の屋根を上げ、増築時に新しい屋根が重なって雨仕舞いが良くなるようにしています。

生活の本質を「シンプル」に求めるご夫妻の考え方に添って、過剰な設備や設えはない、不必要なものをそぎ落とした最小限のつくりです。そうして自然にできあがった家は、内外とも素朴な小屋のようなかたちになりました。

暮らしに合わせて、自在に住みこなす。

設計／東端桐子

緩勾配の切妻屋根は夫の巧さんの希望で白色のガルバリウム鋼板。

東京都小平市の住宅街に、宮奈さん一家四人の家があります。切妻屋根を載せた長方形の家は、東から西に、屋内に廊下が、掃出し窓を介して屋外には濡れ縁が通っています。育ち盛りの子供たちは家中を駆け回り、素足のまま外に走り出て遊びます。外には緑濃い草木。庭には花や野菜の種子を蒔いて、子供たちと共に、気長に楽しみに育てています。

手のやける木製建具

家を建ててから、こんなにも手のやけるものがあるだろうか。木製建具である。家の造り全体の雰囲気から強く望んだ木製建具。しかし、この木製建具と付き合っていくには、時間が必要であるということを住んでみて実感した。

一年目。とても風の強いある日。網戸がすごい勢いで左右に揺れ動き、バンッ！　と激しい音をたてた。しばらくするとまたバンッ！　とぶつかる音。

壊れないかなぁ……。不安になるけれど、建具屋さんは「馴染むまではどうにもなりませんね」と。

梅雨の時期、風であんなにするすると動いていた建具がとても重くなる。建て付けが悪くなってしまったのか？　これも「馴染むまではどうにもなりませんね」と。

暖かい気候になると家の中でアリが歩いている。どうも嚙み合わせが悪く隙間から小さな虫や砂が入ってくる。やっぱり「馴染むまではどうにもなりませんね」と。

「馴染むまでは仕方がない！」そう決めた二年目。たいして気にならなくなっていた。バンッ！　と音をたてれば、「今日は風が強いかな」。スムーズに動かなければ、「梅雨がきたね」。虫が入ってくれば「虫も活動する季節だなぁ」。おおらかに付き合うと月日は過ぎて、今は風で動くこともあまりなくなってきている。三年目の木製建具。

虫と暮らす

虫は嫌いじゃないけれど、家の中に入ってくるとあまり嬉しくない。目の前が草花なのだから仕方がない。でも、天井や床をこそこそと歩いていると「わぁ」と声が出てしまう。クモ、カメムシ、ゲジゲジ、アリ、テントウムシ、ダンゴムシ……。

春になると、小さなお客がたびたび顔を出す。その度に捕まえられて外に出される。ある日、畑をつくってる親戚から興味深い話を聞いた。「最近はここら辺の畑で虫をあまり見かけなくなった。カメムシとかテントウムシとかよく見かけたのにな。困った虫でも、見ないと逆に不安になるよ。虫も食べない畑が増えたんだな」と。「え〜、うちの庭にはわんさかいますけど……」その後、わが家に来る虫は居場所がなくなってきているのかなと思うようになった。

たくさん来たら困るけど、住み心地がよいのならどうぞ、遊びに来てください。まだ手入れのされていない庭に、もっと花や緑を増やしていきたいと感じた日。

廊下の足音

居間から寝室へ。子供たちが「とと〜」と夫を起こしに走る日曜日の朝。布団の中にいても廊下の足音を聞けば誰だか分かる。

上／玄関土間は巧さんの趣味であるDIYの作業場。本棚や踏台など家族のリクエストに応えて作ることも。
下右／引戸を開けると土足のまま入れる納戸で、左奥に進むと一段上がって台所。
下左／居間・食堂から玄関方向を見る。玄関脇の小上がりには洗面シンク。子供たちは自然に、靴を脱いですぐ手を洗う習慣が身についた。

上右／奥の玄関から手前の子供室まで、〝廊下〟が間仕切りなくつながっている。軒下には濡れ縁が通り、暮らしは庭へ向かう。
上左／西端の寝室だけは間仕切りの引戸を備えているが、壁に引き込めばここも一体空間になる。
下／洗面脱衣室。左手の窓はユーティリティで、庭からの通風・採光が得られる。

ダダダダダッ、タッタッタッター、ギシギシギシ

「足音が力強くなってきたよね」ふとした時の会話。

「玄《はる》はもっとよちよちしていたのにな」

「足音で成長を感じるよね」

「また少しずつ変わっていくんだろうな」

「そうだね」

楽しみでもあり、先を思うとちょっとさみしくもある。次男の玄の最近のお気に入りは、たどたどしいスキップ。満面の笑みで、ドタッタ・ドタッタ・ドタッタと音を立てる。「まて〜」と、長男の新《にい》の軽快なスキップがそのあとを追いかける。暮らしの中で、この一瞬がとても大切な思い出として刻まれていく。

台所への思い

「台所に住みたい」。昔からそう思っていたことが実現した。喫茶店をやることに憧れていた頃、お店をしている知り合いに台所に入れてもらったことがある。カウンター越しに眺める店内、うれしくて思わず涙が出た。「この景色が好きだ」。

＊

家の中心にある台所。設計が始まった頃、夫が「央《ひろ》さんが使いやすいのがいいよ」と言ってくれた。私も「それならば!!」と台所から家族を見渡す景色を想像したり、好きな料理をする自分を思い浮かべて、とても嬉しかった。高さも背に合わせて作ってもらい、まさに〝自分の理想の台所〟が完成した。

今、住んでみてわかったこと。〝自分の台所〟から〝家族の台所〟に変わってきている。見えない台所が生活に近いと、音やにおいで「何してるの?」と子供たちが寄ってくる。そしてその次は自分たちに合った踏み台や椅子をもってやってくる。そして「やってみたい」とお手伝いを今か今かと待っている。最初は正直「面倒だな……」と気づかれないようにスピード勝負で野菜を切ったりしていたが、これだけ開かれた台所だから仕方がないな。ある日は玉ねぎの皮をむいてもらった。またある日はジャガイモを洗ってもらった。レタスをちぎってもらった。キュウリを切った。ごはんをよそった。味見をした。

みんなで肩を並べて台所に立つ。広い台所にしてよかったな。家族が使いやすい台所にしていくことが今の目標。

部屋はいくつ必要か

以前、住宅展示場を見に行ったことがある。「こちらがリビングです」「寝室」「子供部屋」「客間」「ロフトもあります」ぐるぐると案内をされながら、「すごい! これだけ部屋があったら素敵だな」。扉を開けるたびに想像がふくらんだ。

でも自分に合った家はどんなかな。

「家=くらすこと」をあらためてじっくり考えてみる。家族を囲む・家族を守る・家族が笑うための場所。毎日、息づかいを感じていたい。そう思った時、設計図は仕切りのない家になっていた。

来年、小学生になる新。

「そろそろ二段ベッドでも買ってみる?」

家族が集う居間・食堂。床板は無垢のオークで、巧さんがオイルフィニッシュ。ガス給湯の温水式床暖房を備えており、厳寒期でも低温設定で部屋中が暖かい。

KAREL ZEMAN
食へようび
その街の
パン

「〈とと〉と〈かぁか〉が大好きだから、まだ一緒に寝る」

　狭いベッドに肩を寄せ合う。いつか部屋を欲しがる年頃がくるのかな。顔を合わせたくない思春期が。いつまでも、笑顔をかわす家族でいたい。

足し引きできる家

　箱のような家でよかった。自分たちの物が多いからである。

「ここにこれが欲しいな〜」。テーブル、棚、それを探すのも楽しい、ここにこれがあったら便利かも……と板を釘で打ち付けたりすることも苦ではない。生活をしながら、思いついたら変化を加える。

　今は〝子供たちと暮らしやすい家〟を視野にいれているが、それぞれが大きくなり、家を出たらまた、そこから変化していけるように。ここはお店にしちゃおうか……。あることないことを想像するだけでも楽しい。住んでいる人だけでなく、訪れる人もホッと笑顔になれる家になれたらと。日々、ふとした思いつきを言い合いながら、「それいいね〜」とうなずいている。

「うん、いいかもね」。


（宮奈　央）

上／屋根を緩勾配にして高さを抑えると、空間は横に広がる。家具も低いものを選んで、ひろびろ感じる。天井と壁は5.5㎜厚のラワン合板に水性のアクリルエマルジョン塗装。軽い棚板くらいなら釘打ちで取り付けることができる。テーブルは昭和の頃に作業台として使われていたものらしい。
下／小さな図書室のような子供室。子供たちが成長したら、将来は二つに間仕切ることもできる。

上右／暮らしの中心に台所。央さんがパンを焼くと、新くんと玄くんがお手伝い。奥のパントリーは上部を開けて屋根形状をそのまま見せており、空間の広がりを妨げることはない。

上左／水屋簞笥から食器を取り出す。台所との間仕切り棚なども、骨董市やオークションで求めた古道具をうまく配置して使いこなしている。

下／庭から見る左右対称の外観は、夫妻が京都で訪れた寺院の整然とした佇まいを美しいと感じ、自宅にと希望した。

左ページ／濡れ縁はベイスギ（レッドシダー）。軒の出は1.45mあり、雨が降っても洗濯物が濡れることはない。

上／居間・食堂から、木製建具の向こうに濡れ縁、新緑の庭を眺める。

下／玄関ドアは両開きで、開け放せば玄関土間と庇下はひとつながりに広く使える。キャンプ道具など大きな荷物をらくに運び込むことができる。庭はもともと巧さんの母親が丹精したもので、宿根草も多く、季節に芽吹いて花を咲かせる。これから常緑樹を増やして盛夏の日陰をつくる予定。

【data】

所在地／東京都小平市

敷地面積／254.47㎡

延床面積／89.44㎡

家族構成／夫婦＋子供2人

設計／東端桐子（straight design lab　Tel. 042-571-6698）

施工／みどり建設

竣工／2015年1月

構造設計／髙見澤孝志（ハシゴタカ建築設計事務所）

家具デザイン・製作／大原 温（camp）

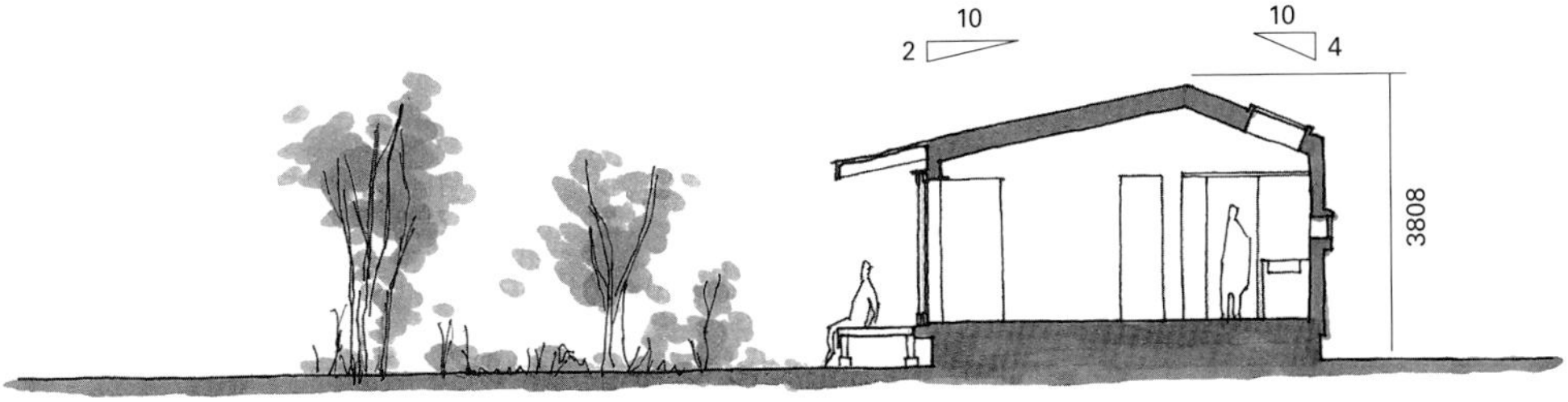

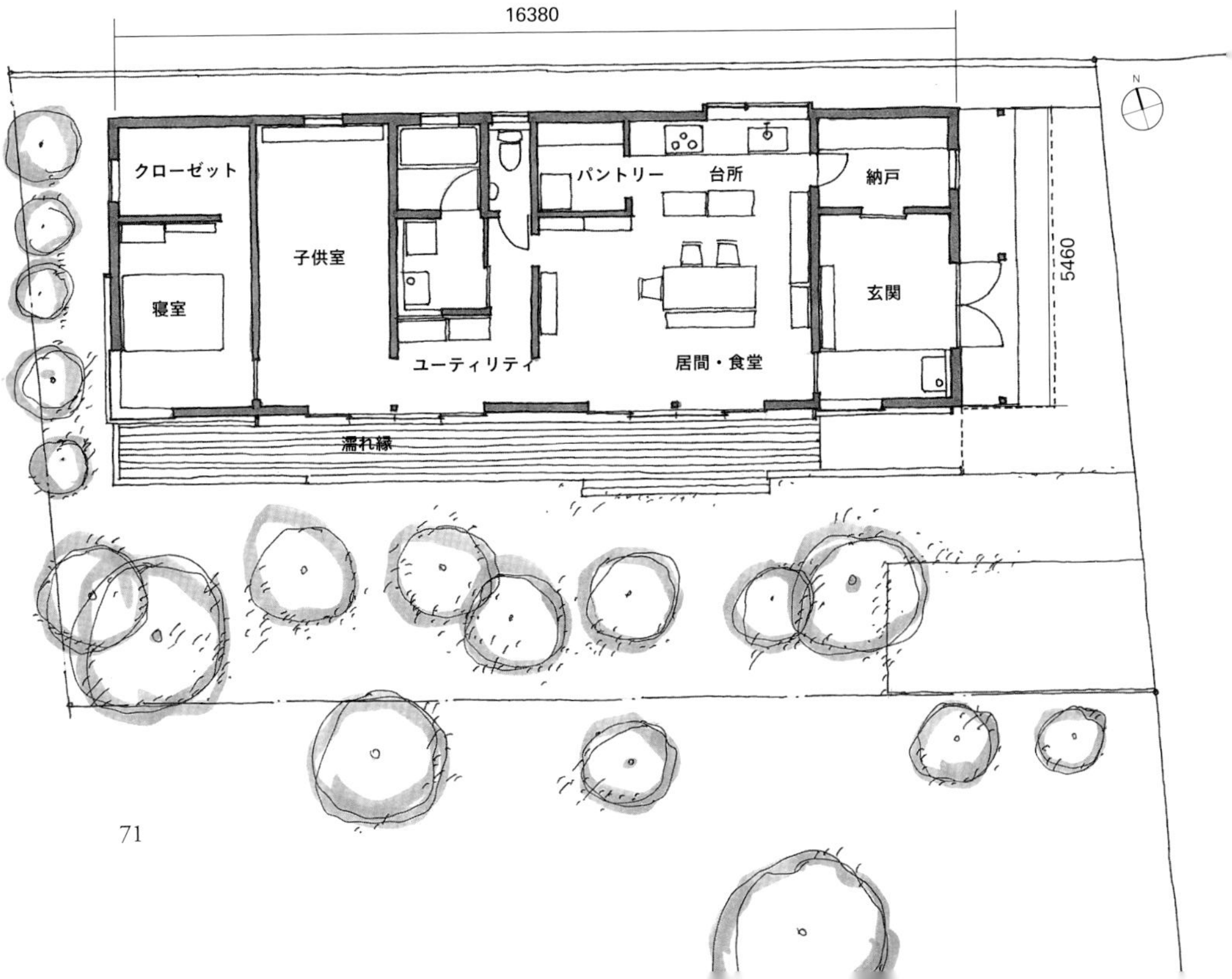

設計ノート

変化を受け止める工夫／東端桐子

敷地は東京西部、多摩地域の玉川上水にほど近い場所で、周辺は住宅地や畑が広がる緑が豊かな環境です。住み手の家族構成はご夫婦と二人の小さいお子さんで、この地に生まれ育ったご主人の原風景でもある「平屋の家」「縁側のある家」「土間のある家」に住みたいとのご希望でした。

東西に長い敷地に平行して切妻屋根の建物を配置し、建物の南面には深い軒のある濡れ縁を設けました。敷地の南に隣接してご家族が丹精に手入れをされている庭があり、新しく建てる家からも四季折々の植物を十分に楽しめるように計画しました。

建物は延床面積約90㎡。玄関を入ると広い土間が広がります。玄関ドアは両開きで、開放すれば庇《ひさし》のあるポーチとひと続きになり、ご主人の趣味であるＤＩＹスペースや子供の遊び場にもなる半屋外的な場所として使えます。玄関から居間に入ると、まっすぐ奥まで見通せる廊下を設けました。廊下を建具で仕切らず各居室の一部とすることで、部屋同士をつなぐだけでなく、空間が窓外の濡れ縁まで広がるようにしました。

居間・食堂・台所（ＬＤＫ）はこの家の中心的な場所です。中でもパンやお菓子作りが得意な奥様のこだわりが台所でした。北側に長いステンレス製のキッチンカウンターを設け、居間・食堂との間にご主人作の本棚や古い引き出し棚を利用した作業カウンターを設えています。オープンで広い台所は、子供たちがお手伝いしたり、友人と一緒に調理するなど、大勢で使う場合にも便利です。台所にはパントリーを付属させて、十分な収納量を確保するとともにワンルームのＬＤＫをすっきりと見せています。

子供室は、将来二部屋に分けて使えるように計画しました。住みながら、その時その時に必要なものや場をつくりながら暮らしていくことを意図しています。この他にも造り付けの収納を最小限にしてシンプルな間取りにするなど、変化していく暮らしを受け止めるための工夫を盛り込んでいます。室内の壁仕上げは合板を白く塗装したもので、釘を打ったり、別の色で塗装したり後から手をくわえやすいようにしました。

竣工して一年半後に食洗機を設置しました。実際に生活してみて「やっぱりあったほうがいい」と思って初めて「それならつけよう」と。設計段階である程度想定しながら使ってみてカスタマイズする。そんなシンプルで等身大な暮らしを現在進行形で楽しまれています。

四季の移ろいを愉しむ、小さなセカンドハウス。

設計／寺林省二

南東外観。東側の外土間に面した木製引き戸が玄関。緩勾配の切妻屋根はガルバリウム鋼板。外壁は白洲そとん壁（火山噴出物シラス使用の塗り壁）。掃き出し窓の大きなサッシは特注。手前に畑。

栃木県佐野市の古い住宅地にある、夫の生家を建て替えた簡素な家。団塊世代の鈴木晴夫さん・裕美さん夫妻の、小屋のような「セカンドハウス」です。ワンルームを柱一本が食べる場と寝る場をさりげなく分けるだけの、潔い空間。庭には新たに作った畑。ここを拠点に、リタイア後の夫は近くの山・川で遊び、旧交を温め、妻は庭いじりを楽しむ。

母歿後一年、築九十余年の家の片づけをやっと終え、ガランとした座敷で一服する私と妻。幼少時から繰り返しなぞった天井板の年輪、冠雪した富士の裾野がカラスに見えて仕方なかった屏風絵など、懐かしさいっぱいの家だが、暗く、重い。おまけに隙間風。絨毯をはぎ取り、むき出しにされた廊下の床板はすっかり痩せ、吹き上げられた砂でざらついていた。「無理かな」との問いかけに、妻は黙ってうなずく。

私は永年、引退後は生まれ育った栃木県佐野でひっそり暮らすつもりで生きてきた。煩わしい人間関係やろくでもないお愛想におさらばする暮らしだ。それは、私にとって、少年時代を取り戻すことだから、舞台は山と川。つまり、家は拠点に過ぎず、二の次のはずだったが、どうもそうではない。

その場で、「寺林氏に相談するか」となった。彼と知り合ったのは十年ほど前。埼玉県蓮田の集合住宅のリフォームを永年温めていた妻は、誘われて仲間三人と氏に設計を頼んだ。子育てに一段落した彼女は、気合い十分、実に楽しそうだった。私は傍観者として、妻の細かな要望に根気よく丁寧に対応する、彼の仕事ぶりを眺めていただけであったが、リフォーム後の我が家は快適で、ほっとできた。

今回、彼との最初の打合わせは、佐野の古い家で、座敷から冬枯れの庭を眺めながら行った。

〃ほっとできる空間〃の要件とは何か。古い家の美点、緑といっぱいの陽光はそのまま生かす。加えて、裸足で庭に飛び出せる縁側。昔そうしたように、そこから、激しい夕立がつくる小さな流れや、黒い地面を徐々に覆ってゆく降る雪を眺めたい。素材は木と漆喰。できれば土間を挟んで、居間と寝室を配置したい。妻と二人だ。広くなくてよい。

要件をさらに具体化して伝えることは素人にできるはずもなかった。仕方ない。切羽詰まった私は、好きな写真集でオキーフの家（日干しレンガの家）を示し、ル・コルビュジエの小さな家、清家清等々、脈絡なく喋りまくった。イメージは共有されたと思う。この時の彼のノートには〃白い家〃とあった。

完成した我が家は、概《おおむ》ね私たち夫婦の要望を満たしている。全面ガラス戸の南面からは陽の光を満喫できる。広く緩い傾斜の軒は、陽射しを夏は遮り、冬は室内深く誘い込む。ワンルーム中央に据えられた柱は、当初、唐突に感じられたが、柱の南面部を縁側に見立てると納得できる。なるほど、昔と同じように裸足で芝生に飛び出せる。真ん中に土間を挟んだ造りは予算的に諦めたが、寺林氏の提案で簀の子状の板壁の外土間が設けられた。

古い家の基礎であった岩船石は南面に三列に敷いた。不揃いの石は、敷石をイメージしながら、いちいち寸法を測り番号を振った。新築工事に先立ち、重機で足場の外側に仮置きしたが、完成した家の軒下まで寄せるのは一苦労であった。大きなバールを使い、息子たちの力も借りて、石の右辺を動かし、次いで左辺。これを繰り返しやり遂げた。雨樋の

MAS DE BOISLAUZON

上／広間。中央の柱が場をさりげなく分ける。低く抑えた天井高（2275㎜）いっぱいに掃出し窓を設けた。床はナラフローリング。天井はプラスターボード下地にペイント。右の壁は額絵などを掛ける釘が打てるようにシナベニヤとして、その上に水性塗料をDIYで塗った。正面の壁は漆喰。左に寝具を収納する押入れ。テーブルの甲板は旧宅の梁を再利用。

下／外土間。手前に玄関戸、奥に勝手口。床は豆砂利洗い出し、天井は杉縁甲板。杉板を簀の子状に張った壁のスリットから光が射し込み、適度な通風と換気を図る。

右ページ／広間の〝食べる場〟側。現在は、台所との間を仕切るL字の低いオープン収納棚に食卓を寄せて使っている。食卓は夫のデスクでもある。正面右は玄関、左は勝手口。

ない軒からの雨だれは、狙い通り、三列の岩船石の外側に落ちる。

また、旧宅解体時に残してもらった梁は、幼馴染みの大工さんの手によって、鉄製の脚を据えたテーブルに変身し、ソファの前に鎮座している。彼は、廃材を利用して、内塀も作ってくれた。この塀は、道路からの目隠しと畑への北風よけを兼ねている。

繁茂するにまかせてあった木々の多くは、思い切って伐採したが、銀杏、ユズリハ、楠、柿、樫、等々、総じて大きな木は残した。銀杏は四季を通じて楽しめる。夏は西日を遮る大きな日傘だ。晩秋の芝生は枯葉の寝床だ。新たに植えたのは、妻の友人が送ってくれた杏、ムクロジ。妻の好きなオリーブ、スモークツリー、ミモザ。

庭の東南部分は小さな畑にした。いちご、ジャガイモ、玉ねぎ、里芋、そして冬は、この地域の定番かき菜。土の温かみは驚きだったし、ひたすら草取りするのも結構楽しい。妻の友人が静岡の山あいから送ってくれた、セリ、三つ葉、フキも植えた。

さて、車で半時の山に入ると四季の移ろいがさらに鮮明だ。萌葱色の春、生命の爆発する夏、実りの秋。冬には、この山で捕れた猪と鹿の肉が友人から届く。

そして最大の楽しみは川。ハヤ、鮎、鯉、奥に入ればヤマメ。十月にはサケが遡上し、十一月になって水温が一挙に下がるとハヤが湧水に群がる。この時期にはまた、川霧が発生する。川霧越しにカモが泳ぐさまは静謐で幻想的だ。

むろん川は夏が一番だ。私の魚とりは潜っての突きだ。昔は粋がって五月初めには潜ったものだ。今でも、魚さえいれば水が冷たくとも元気は出る。魚は流れが激変しなければ棲み処を変えない。一年前に出会ったヤマメが、同じ岩の下から、きちんと挨拶してくれる。魚は減ってはいる。岸から蛇籠が消え、産卵場所が減ったためだ。それでも、深いところでは結構魚影は濃い。ただ、体力の衰えは否めない。彼らのスピードについてゆけない。岸へ上がるのも難儀となった。山奥まで護岸工事が進み、岸が変に高い。よじ登ろうにも摑まるものがない。途方に暮れてへたり込むと、面白い石に出くわす。登りやすい岸を探して川を下ると、荒れ果てた栗林だ、わらびの群生だ。去年の夏は鮎一匹と石十個、栗百個、わらび一摑み、こうした収穫パターンが多かった。でもこれでよい。欲張らねば楽しみは尽きない。桃源郷に踏み迷う老人のおとぎ話はこんなところであろう。

付録がある。中学の同級生は魚とりの達人になっていた。この冬、川べりで彼と五十年ぶりにでくわすと「鯉をとってやろう」。数日後、鯉三匹、鮒、鯰まで届くではないか。とれとれのピチピチだ。もっと元気なら弟子入りだが、すごい人がいるものだ。

今年、小屋で三度目の春を迎えようとしている。私は最低週四日、妻の訪問も漸増傾向。日帰りは全くなくなった。彼女は来るとまず掃除だ。だから、諦め半分のようだが、ここも我が家と捉えだしたようだ。となれば、妻の領分であるインテリアの充実はこれからだ。目下の彼女の楽しみは庭いじり。狭いベランダで育てた、野葡萄、クリスマスローズ、ツワブキ、雪ノ下等々、少しずつ地植えしたものが大地に馴染んできた。昨日はモッコウバラの小枝に、イラガの蛹をみつけた。貝殻状の繭に描かれた茶の波目模様がキレイだ。妻はこれを楽しめる。野鳥の観察も好きだ。野鳥たちはまず銀杏にやってきて、様子をうかがってから低木や地面に移動する。ヒヨドリはブロッコリーを突く。ジョウビタキは人を恐れず、庭いじりをする妻の目と鼻の先を、虫を探すのか徘徊する。ヤマバトは急に暖かくなったせいだろう、枯れ枝を樫の茂みに運び始めた。巣作りの開始だ。まもなく春だ。

（鈴木晴夫）

上右／浴室は白で統一。足を伸ばせる脚付き浴槽は夫妻の希望だった。
上左／台所。使い勝手に合わせたオープンな収納。シンク下にはキャスター付きの台を置き、掃除の時は簡単に引き出せるようにしている。
下／柿を収穫する裕美さん。手前は新たに作った畑。右手の既存平屋を物置に使っている。左手の日本家屋は築百年程の隣家。

【data】
所在地／栃木県佐野市
敷地面積／全体 745.30㎡（小屋新築のための分割面積 448.15㎡）
延床面積／ 51.20㎡（室内39.74㎡＋外土間11.46㎡）
家族構成／夫婦
設計／寺林省二
（テラバヤシ・セッケイ・ジムショ　Tel. 042-575-0084）
施工／國分工務店
竣工／ 2014年12月

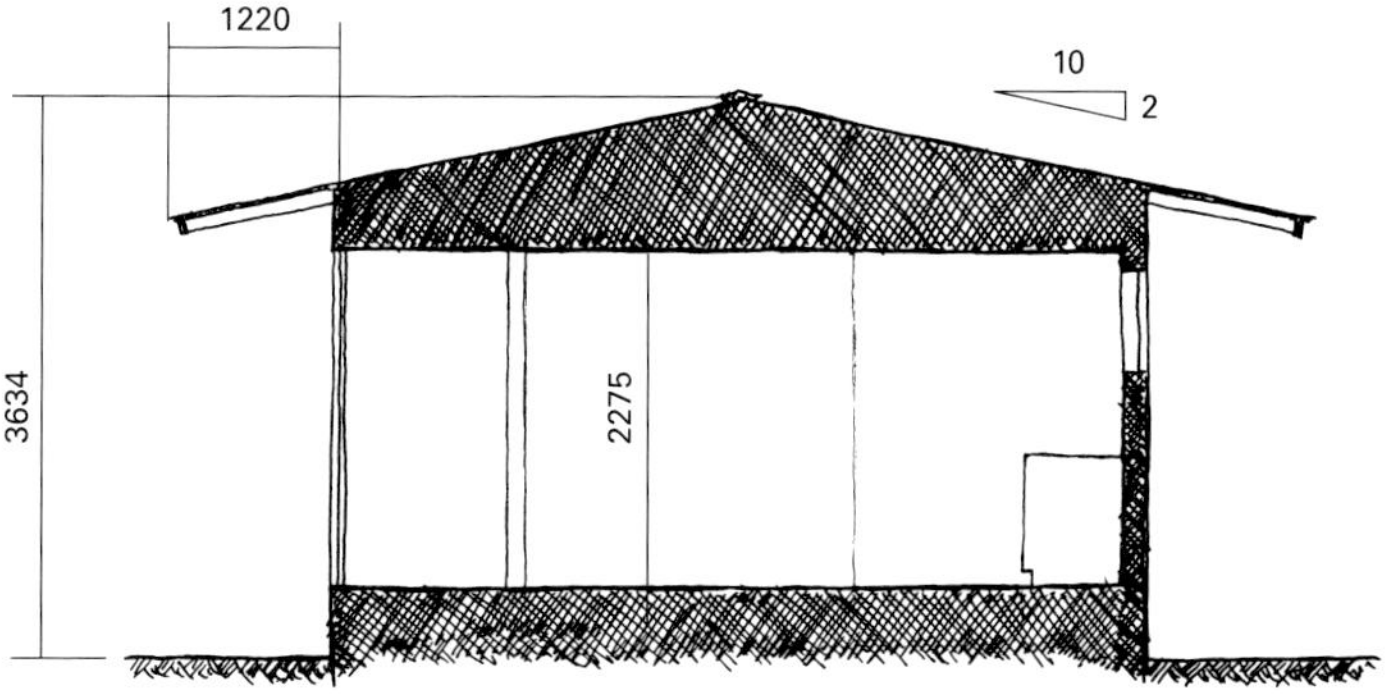

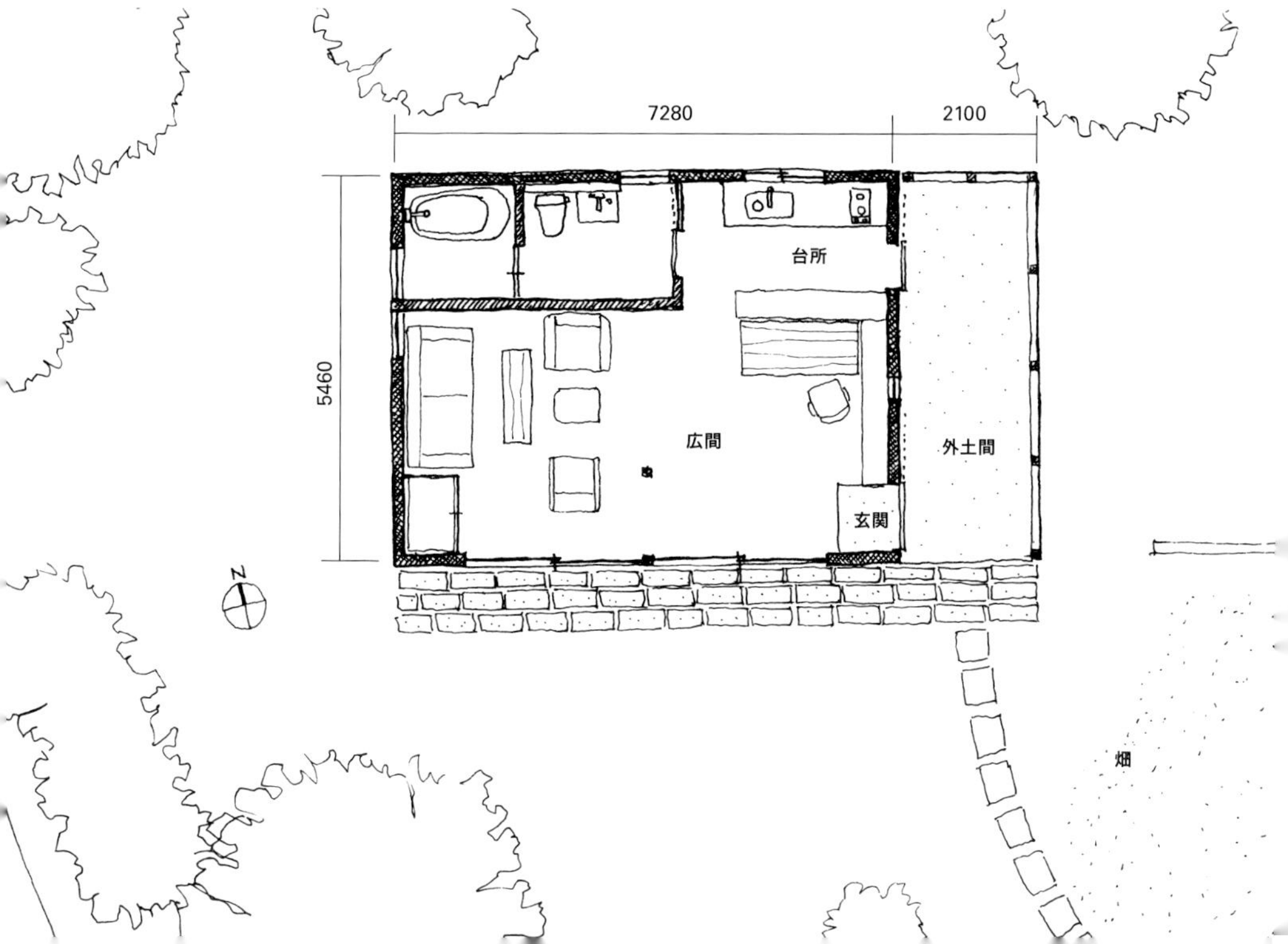

設計ノート

自在に使う、必要最小限の家／寺林省二

鈴木さん夫妻が住んでいる蓮田の集合住宅のリフォームを手がけたご縁で、今回は栃木県佐野にある、ご主人の生家を建て替える設計を依頼されました。居心地のいい家であることが何より大切なので、構造や断熱など家の基本性能にかける予算を重点的に配分し、以前建っていた瓦葺きの平屋と同じ位置に、小さな家を計画しました。

勾配の緩い切妻屋根の下、東側には農家の納屋のように何にでも使える外土間を設けました。畑で収穫した野菜や果実の保存や、道具の置き場です。また、外土間は玄関ポーチの役割も果たしており、勝手口もここに面しています。外壁は杉板を簀の子状に張り、スリットからの採光と通風を図っています。

室内の間取りは、二〇畳程のワンルーム、浴室、一つにまとめたトイレと洗面所のみ。ワンルームのほぼ中央に、家を支える構造柱である四寸角の柱を配しました。この一本の柱は、東西方向では食べる場所とくつろぐ場所をさりげなく分け、さらに南北方向では柱の向こうが、縁側のように感じられることを意図しています。

収納は、広間を可動式の低い収納家具で間仕切る案もありましたが、まずは収納家具なしで使ってみるということにして、台所と広間の間にL字型に配した低い収納棚と、布団をしまう押入れだけにしました。本や衣類、季節物等は、隣接する敷地に残る築三十年程の既存平屋を物置として使っています。

樹木や草木が繁る南側の庭の景色が楽しめるように、掃出し窓を天井高いっぱいにとりました。そして夏の陽射しを遮るために、軒の出は低く、深くしました。但し無駄なコストを抑えるために、垂木《たるき》（棟から軒に斜めに架け渡す材）は、継がずに出せる定尺4m材を使用しています。

落葉が詰まりやすい雨樋は設けていませんが、軒先の芝生が雨だれを受けるので、建物への跳ね返りは心配ありません。南西にある大きな銀杏の木が夏の西日を遮り、冬は室内の奥深くまで陽光が届きます。

この家ができた当初は、ベッドを置いていましたが、現在は頻繁にこの家を使うご主人が、ベッドは物置に片付けて、床にゴザを敷いた上に布団で寝ておられるとか。そのほうが広々として気持ちがいいとのことです。

必要最小限の家具だけを造り付けたシンプルなワンルームは、こんなふうに自在に使えるという利点もあります。どんなふうに住みこなされていくか、今後も楽しみです。

畑の傍に、もうひとつの居場所。

設計／尾﨑大介

山を背景に桃畑の奥に建つ小屋。枕木のアプローチが玄関へと導く。赤い屋根と白い外壁は、学生時代に訪れた、今はない東京・阿佐ヶ谷のテラスハウス（設計／前川國男）の記憶へのオマージュ。

生まれ育った山陰地方の村、設計事務所を営む尾﨑大介さんが、実家の畑に建てた小さな家。自らが一人で過ごす時間のための「もう一つの居場所」として設計しました。大切な風景と大切なものに囲まれた、必要最小限の広さの簡素な家では、薪で風呂を焚き、井戸水を使っています。多少の不便は工夫で愉しみに変えて。

ここ新温泉町は兵庫県の北部、日本海に面した山陰地域にあります。蒸し暑い夏と、北からの湿った強い寒気によって多雪となる厳しい冬、そして一年を通して雨の多い地域でもあります。集落を囲うようにしてある山々と、その麓《ふもと》には人が代々耕してきた田畑。その周りに、そこで暮らす人々の家々がこの場所の主な景観を作っています。

僕は大学で建築を学ぶため、生まれ育ったこの地を出て、その後、京都の設計事務所で働きました。そして七年前、工務店を営む傍ら農作業をする父を手伝うためにこの地に戻ってきました。当初は一時的にという気持ちでしたが、翌年の出来事をきっかけに、手に職を持ちながらも、自分たちで食べるお米や野菜は自分たちで作るという、代々の暮らし方を引き継いでいくことを決心しました。戻ってからは実家で両親と暮らし始めましたが、それを機に、「小屋」を建てることにしたのです。そこは、一人で集中して仕事をしたり、あえて考えごとをするための、自分にとって「もう一つの居場所」にしようと考えました。あえて「小屋」と呼びたくなるような、簡素な家。簡素と言ってもみすぼらしくないこと。学生時代からそんな「必要なものだけの、簡素で豊かな暮らしを受け容れる家」を設計したいと思っていた自分にとって、ありがたい機会に恵まれたと思っています。

大切な風景と大切なもの

誰にも自分の生まれ育った場所にさまざまな記憶があるように、僕にも大切にしている幼い頃の記憶があります。わくわくした探検遊びの記憶。その目的地の一つだったのは、この村で一番大きな欅《けやき》の木でした。家の畑からも見えるその木は大切な目印で、自分にとって探検のシンボルツリーでした。そしてもう一つは、祖母が大切にしていた桃の木のある風景の記憶です。祖母は桃の木に関しては特に人任せにするのを嫌い、立枝を切り、摘果をし、果実一つ一つに袋を被せ、収穫が終わればまた土を肥やし、雪で枝が折れないように支柱を立てて冬支度をするというように、一年を通して世話をしていました。祖母が亡くなった後も、そんな記憶とともにある桃の木を、ずっと大切にしていきたいと思いました。

この二つの木のある風景は、ここを離れていた時も、僕の大切な記憶の中の風景でした。それは戻ってからも、ほとんど変わらぬまま残っていました。だから、小屋を建てる場所は、あの欅の木と祖母の桃の木が見渡せる畑の中にと決めたのでした。

そんな大切な風景と共に、小屋には自分にとって大切なものだけを置きたい。そうすればその大きさは自ずと小さくなり、後は少々のもので事足りるとも考えました。そして僕には生涯手離さずにいたいと思う大切なものが二つありました。

一つは、古いライティングビューローでした。学生時代にアルバイトをしていた家具屋さんで譲ってもらったもので、十畳一間の部屋で、僕はこの家具でレポートや手紙を書き、

上右／9㎡程のデッキは室内の延長。雨の多い土地柄、雨の日でも軒下は大切な居場所になる。土の付いた野良着のまま気軽に腰掛けて休憩できる。デッキの床はイペ材。
上左／大切に使い続けてきたライティングビューローはスウェーデン製のヴィンテージ。本棚兼食器棚、下段の引出しは洋服収納に。この家具の幅1350㎜が小屋の規準寸法になっている。デッキに面した掃出し窓の幅はこの家具の二つ分2700㎜。
下／玄関を入ると右手に風呂の焚き口。幼い頃、父と二人で焚き口の前に腰掛け、ごおごおと音をたてる火の前でいろいろな話をしたことが懐かしい。
左ページ／広間。正面の壁に、初めて自分で買った版画（作／大橋 歩）。天井・壁は漆喰、床はオーク。左手はデッキへ。

本を読み、着替えを取り出し、食事もここでとって暮らしていました。当時、物を買う時にはこのビューローを思い浮かべ、そこに収まりそうにないから諦めようと、それを基準に物を選んでいました。

もう一つは、初めて買い求めた絵でした。小さくとも好きな絵を一枚掛けることで、生活がどれだけ豊かになるのかが分かりました。その絵は「日々の暮らしが大切」ということを著書でも教えてくれた、大橋歩さんの版画でした。ビューローが、空間とともに気持ちを整理整頓してくれるものだとすれば、一枚の版画は、そこに気持ちの良い「余白」を作ってくれるものでした。ふとしたときに僕はこの版画を眺め、自分の気持ちが静かに落ち着いていくのを感じます。

居場所と寝場所

食事と安息の場である広間には、屋根の架かった広いデッキがあります。そこに面した掃出し窓は建具を壁の背後にすべて引き込むようにしてあり、開け放すと広間とデッキが一体の空間になり、広々と使うことができます。季節の良い日には、デッキに椅子とサイドテーブルを持ち出してお茶をしたりすることもあります。

ベッドを配した寝場所は、食事をとる場からは、気配は伝わっても見えない死角になっています。そして壁や扉で仕切らない代わりに、天井を屋根の勾配なりに高くして梁をあらわし、ここだけ少し空間の持つ性格を変えています。ワンルームにおいて、仕切って用途を限定することは、空間の一体感を狭めてしまうからです。また、夜は闇と安心感が欲しい寝場所も、日中は窓からの光が欲しい場でもある。そのためデッキ側に大きめの腰窓を設け、深い庇に守られているような窓を計画しました。この窓からは、外の風景はもちろん、軒下や袖壁それに広間が見えます。「家の窓から自分の家の一部が見える」ということは囲まれたような安心感につながって、居心地の良さを作り出すと思っています。

不便を愉しみに変える

この小屋に給湯器はなく、水は井戸水を使っています。いざ風呂に入ろうと思えば、何せ薪で水から湯へと沸かすので、早くても一時間後。一度火がついても消えるかもしれない。また一度にたくさんの薪をくべて勢いよく燃やし過ぎると、風呂釜が傷んでしまう。つまりどうしても「火の番」が必要なのです。それでも机を造り付けた一畳半程の空間に、本を何冊か持ち込めば、そこはたちまち「火番の書斎」として愉しい場所になります。

広間のコーナーに設けた小さな暖炉も、薪の乾き具合や樹種、季節によって燃え方も違うので、火が気持ち良さそうに燃えるよう調整してやらないといけません。それでも揺らめく炎や、薪のはぜる音とにおい。そんな原始的な暖のとり方は、身も心も暖めてくれます。また、畑からの湿気でじめじめする梅雨時は、薪を二、三本入れることがあります。そうすることで空気が乾き、かすかな薪のにおいとともに気持ちの良い空間になるのです。

この小屋が毎日の暮らしの場所ではないから言えることなのかもしれませんが、多少の不便さを受け容れるためには、不便を楽しんでしまうことが大切なのだと知りました。蛇口をひねれば自由にお湯が使えることが当たり前の現代の暮らしと、一方で不便も工夫によって愉しみに変わるこの小屋での暮らし方との間に、これからのちょうど良い暮らしのあり方が隠れているような気がして、自分なりにそれを探しているのだと思っています。

右ページ／広間のコーナーに設けた暖炉（暖炉工事／憩暖）。大谷石の炉床が壁面に沿ってベンチのように延びる。洗い終わって軽く水を切った食器を大谷石の上に並べて乾かす。石に水染みも残らず、食器が部屋に彩りを与えてくれるのもうれしい。
上右／最小限の台所。井戸水を使っていると、冬は水がぬるく、夏のほうがむしろ冷たく感じられる。
上左／浴室。自然光が射し込み、明るい。天井はヒノキ板張り、壁はモザイクタイル、床は天然石英石貼り。手前は洗面・トイレ。
下／屋根勾配を生かした寝場所夕景。陽光に包まれる昼とは印象ががらりと変わる。

＊

この小屋ができて五年が過ぎるなかで、僕も家庭を持ち、子供が生まれ家族が増えました。またそのことで、小屋での過ごし方も少しずつ変わってきています。

当初の予定だった一人で過ごす時間に加え、週末の夕食や、何かのお祝いの日に、家族を招いて過ごす時間も増えました。また、遠方から訪ねてくれた友人のゲストハウスとして使うこともあります。お湯も使えずエアコンもない。さらには畑の真ん中に一人取り残されるような、少し無愛想なここでの滞在を友人は楽しんでくれます。

時には、設計の依頼に来られたクライアントもここへ案内します。嬉しいのが、一緒に来た子供たちが、この小屋に興味津々だということ。手押しポンプの所に案内して、水を一緒に汲み上げます。それから風呂の焚き口へ。「おふろをたくってなに？ 火ってこわくない？」と質問されます。そんなとき、風呂に水を張り焚き口の扉を開けて薪をくべて見せます。冬ならば広間で一緒に暖炉に火を入れます。小さな火から大きな炎へ。「火は熱いけど、気をつければ怖くないよ」などと話しながら。

小さな家には「暮らしの本質」のようなものが自然とあらわれてくるのかもしれません。もしそうであるならば、この小屋にとってそれは「火」と「水」なのだと思います。家の中に火があることのわくわくする気持ちと怖さ。水を薪で湯に沸かす風呂焚きの愉しさと大変さ。そしてそんな火と水の大切さ。誰もが頭では分かっていることを、僕はこの小屋を通して、実際に触れてもらうことで、子供たちに伝えていけたらと思っています。彼らにとって一つでも多く、暮らしの中のあたたかな記憶、楽しかったと思い起こせる記憶になってくれたらと。

（尾﨑大介）

上／手押しポンプのある洗い場。穫れたての野菜や長靴の土を洗い落とす。奥は井戸水の電動ポンプ、プロパンガスボンベ置場。下／広間から軒下のデッキを介して桃畑を望む。遠くにこの村で一番大きな欅の木が見える。小屋の配置を考えるとき、この眺めを優先した。左手の家が実家。

日暮れて、生活の気配を伝える灯りが漏れる小屋の情景。農作業を終えて家路を急ぐ人にも安心感を与えてくれる。

【data】
所在地／兵庫県美方郡
敷地面積／744.0㎡
延床面積／37.70㎡
設計／尾﨑大介
（5House　mail：5house@maia.eonet.ne.jp）
施工／岡田工務店（棟梁　岡 照久）
竣工／2012年

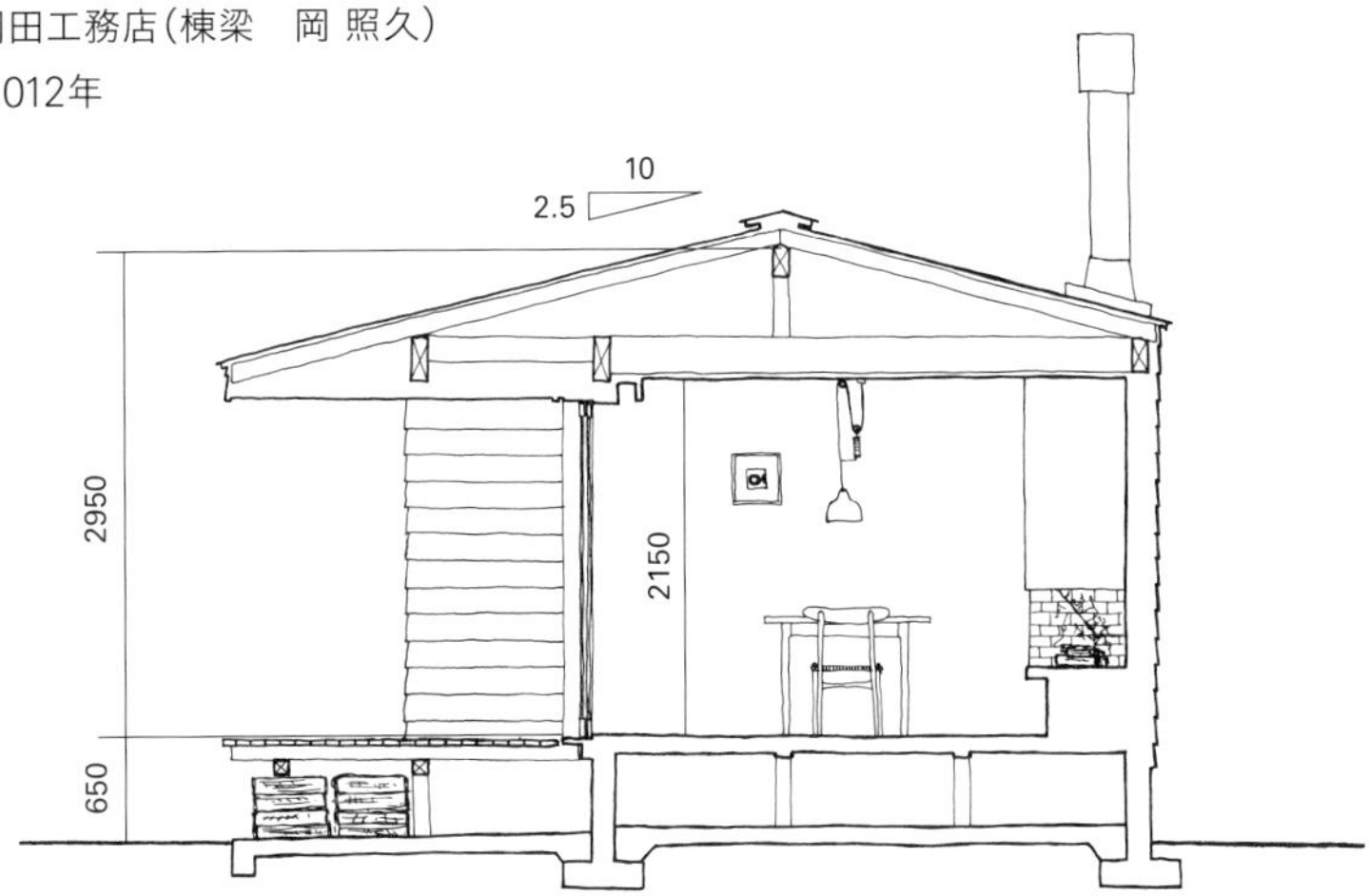

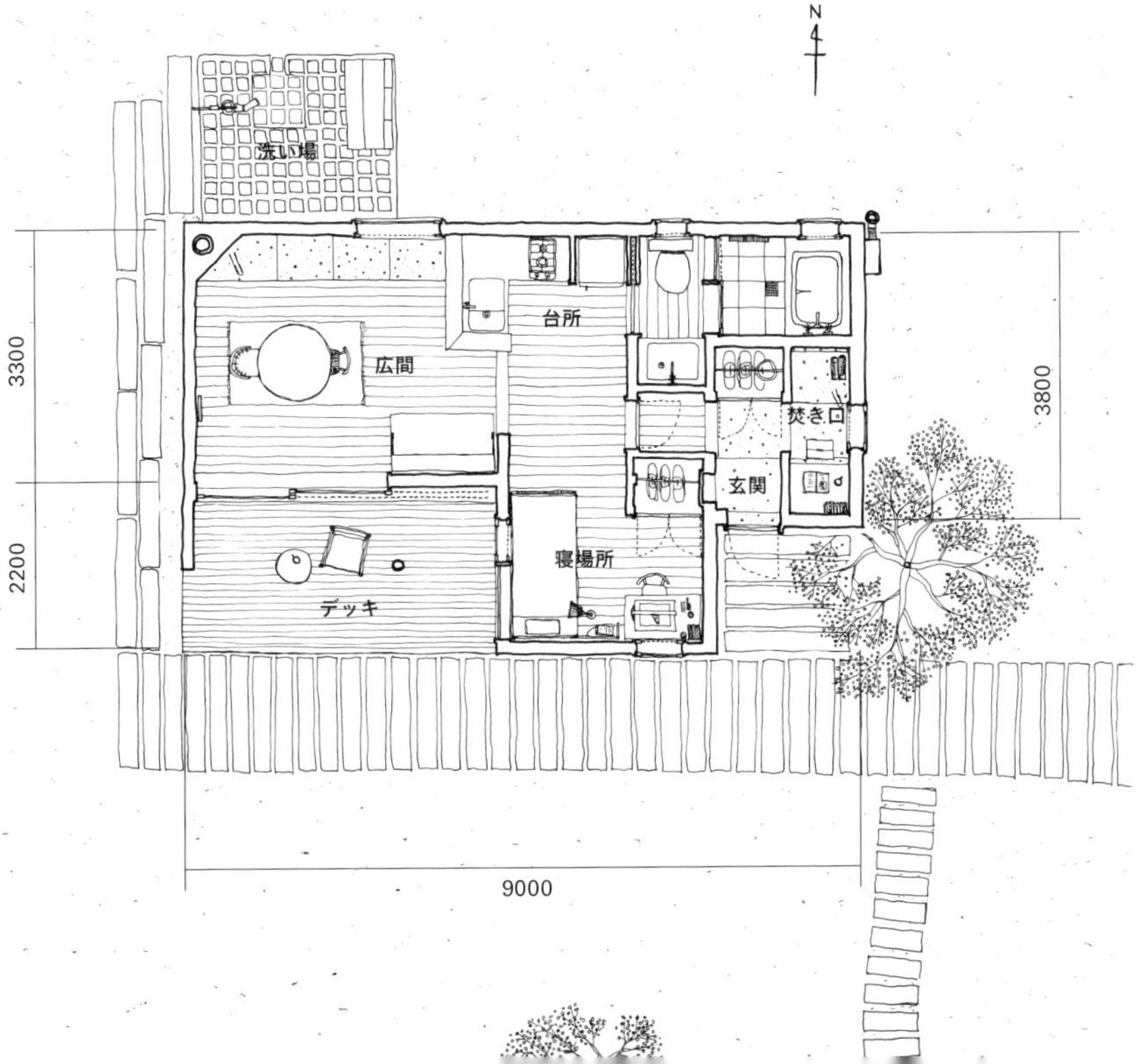

第2章

「小さな平屋」

基礎講座

小さな平屋を建てるときに知っておきたいこと。
平屋の魅力の活かし方から、
弱点を補う工夫、暮らし方までを、
図や写真と共にわかりやすく解説します。

文・図・写真／越阪部幸子（おさかべ・さちこ）
1952年 埼玉県所沢市生まれ。N設計室（主宰・永田昌民）に20年勤務後、2008年 工房おさかべ設立。日々の暮らしを大切にする生活者の視点で、居心地のよい健やかな住まいを設計する。

「小さな平屋」について

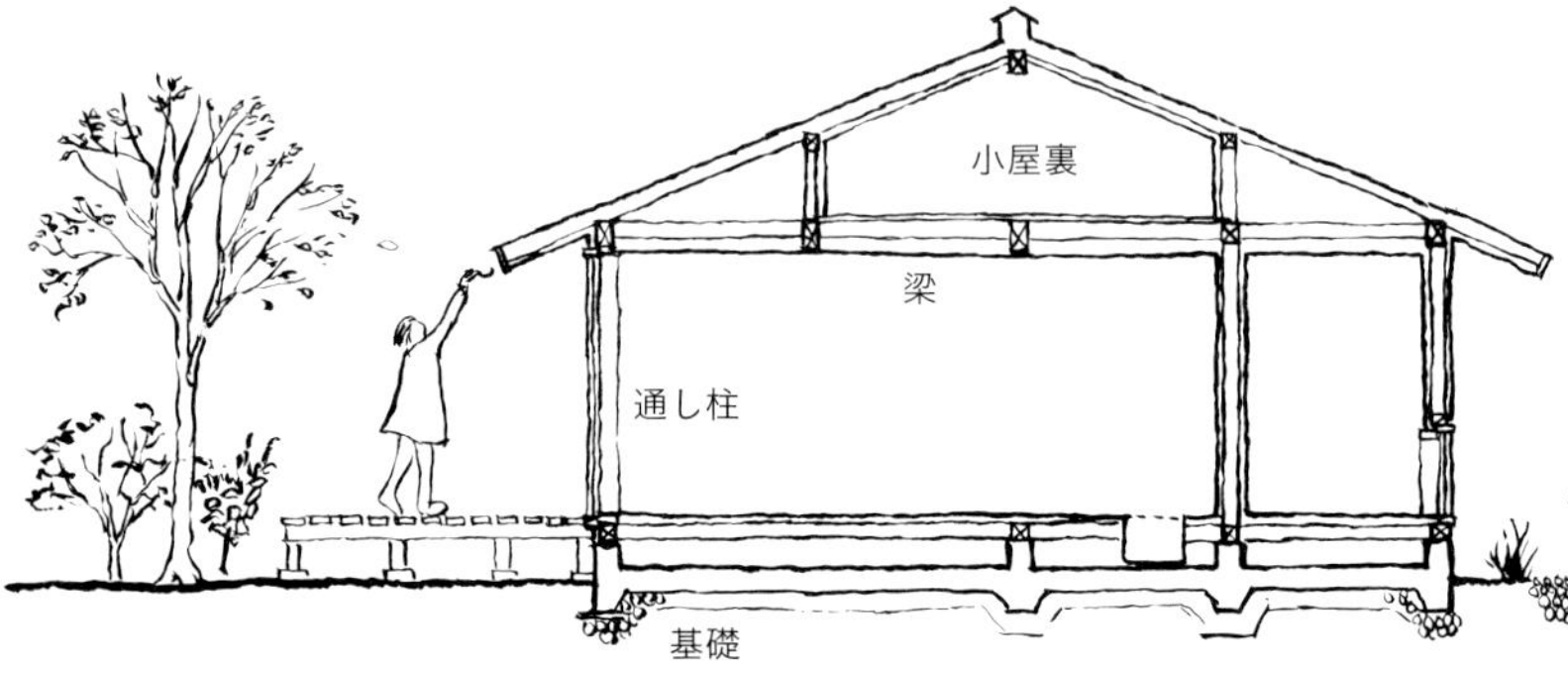

平屋には大地に馴染んだ、安定した美しさがあります。隣家への日照や通風を妨げることもなく、控えめな佇まいに親しみを感じます。出先から戻ったとき、屋根が見え、屋根越しに空が見える気持ちよさ。家に居て、頭上には空が広がっていると感じるのびやかな気分はよいものです。そうした平屋のよさを生かす建物を計画する際に、大切なのは地域性、地形、方位、周囲の状況など敷地の条件です。そこがよい景観に恵まれた敷地であれば、地形や木立などの特性をなるべく生かし、更地《さらち》ならば常に建物と庭を一体に計画するようにします。

平屋は強い？

平屋には構造的な長所もあります。平屋の柱は床から軒桁まで継ぎのない、いわば全てが通し柱です。そして部屋の上に載るのは屋根荷重だけ、横からかかる地震・風による力を受ける壁面積も小さくなり、抵抗力は少なくてすみます。負担が少ないので、2階建ての1階に比べ、平屋の場合、耐力壁は少なくてすみ、その分大きな窓を開けられます。窓の位置も、間取りにも自由度が増します。それもあって、平屋の家はのびのび感じられる家が多いのです。

万が一の避難を考えても、どこからでも外へ出やすい平屋には、特別な避難装置は要りません。家が低いと、揺れ

が小さく、不安を減らし冷静さを保てるでしょう。

平屋は割高？

ただ、平屋は2階建てに比べると建築費が割高になります。床面積と同じだけの基礎・屋根面積が必要になるからです。およその目安としては総2階の家の床面積単価の3割増し。それでも、同じ予算で床面積を減らしても平屋にしたいと思える魅力があると思いますが、どうでしょうか。

また平屋には、ある程度の敷地の広さが必要です。日当たり・通風・眺め・プライバシーなどを保てる広さの敷地であることが前提になるので、密集地や狭小地では、平屋は難しいといえます。

小さな家

ところで小さな家とは、地域、家族構成や暮らし方、居心地のよさの感じ方などによって違うものですが、目安として15坪から30坪位と考えてみました。その程度なら、暮らしの場全体を把握しやすく、掃除や手入れもしやすく、隅々まで手の届く距離感は安心につながります。どこに居ても家族の気配を感じられるので、幼児や高齢者を見守り、声を掛けるにも都合がよいでしょう。少人数家族にも、老後の住まいにも向いています。

屋根のデザインと断熱

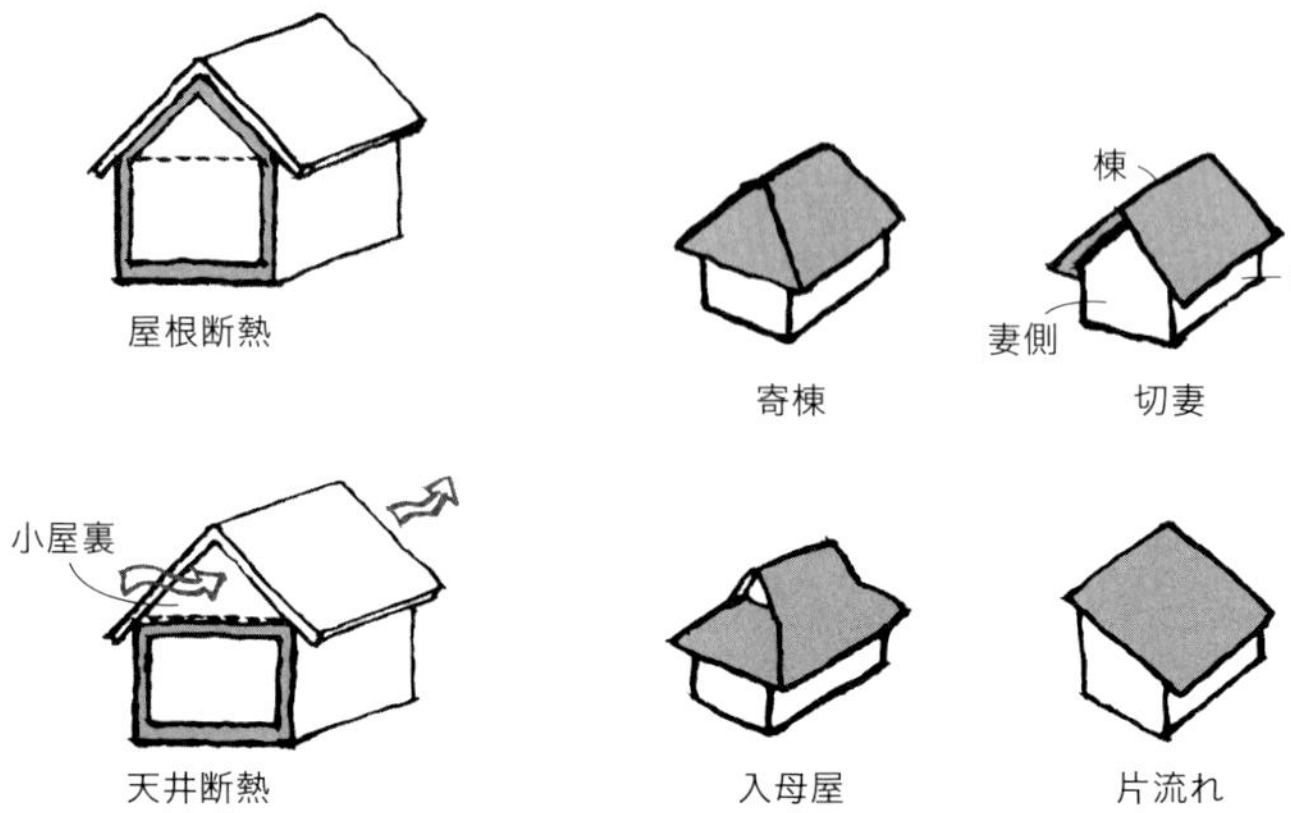

屋根のありようは、平屋の外観のかなめともいえるでしょう。屋根と壁のバランスがよいと、落ち着きを感じます。雨を速やかに流すため、屋根には勾配をつけるのが普通ですが、金属屋根や瓦屋根など各素材に適した勾配があります。標準の勾配は3～4・5寸で、それ以下にすると雨漏りのリスクが高まります。

屋根の形は大きく分けると、1枚の片流れ、2枚折の切妻、4枚合わせの寄棟、切妻と寄棟を併せ持つ入母屋、の4タイプ。傘のようにすっぽりと外壁を覆うように計画するのが理想です。雨仕舞いを考えれば、継ぎ目の少ない方が有利です。しかしどの形にも一長一短があります。たとえば切妻は、妻側（建物の棟に直角に接する側面）の上部に通風換気口を設けやすく、小屋裏もとりやすいのですが、軒の出が少ない妻側の壁面は傷みやすいことが難点。また妻側の窓には雨に備えて庇が必要です。

ところで、「2階は暑い」といいますが、平屋は全体が2階と同条件です。屋根は直射日光と外気に晒《さら》され、最も熱く、最も冷たくなるところですから、断熱材をきちんと入れて、室内への熱の侵入を防ぎます。屋根の直下を断熱する「屋根断熱」にすると、小屋裏も部屋の延長として使えます。天井のすぐ上でする「天井断熱」は小屋裏に外気を入れられるので、夏の熱気を捨てられます。

軒の効用、軒下の利用

奥行き1.8mの軒下に
小さな卓と椅子を置いて。

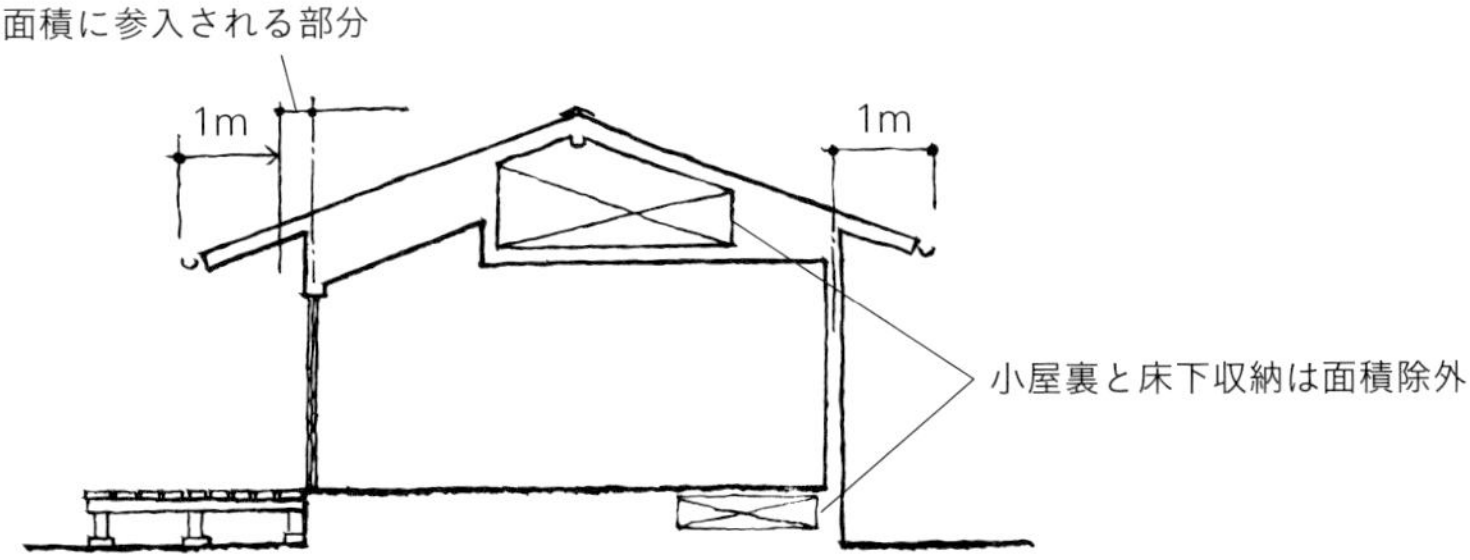

雨の多い日本の風土では、屋根の軒の出が重要です。軒の出が小さいと、雨が吹き込んで窓が開けられない、外壁が傷むなどという困った問題が起きます。深い軒は、強い陽射しや雨風から外壁と窓を守ってくれます。

しかし単に軒を深くすると、ほしい光や熱の恵みまで遮ってしまいます。太陽高度の高い夏の陽射しは遮り、低い冬の陽射しは奥深く射し込むように、方位や窓と考え合わせます。困るのは夏の西陽で、水平方向から射し込むため軒で防ぐことはできません。緑のカーテンなど庭との距離が近い平屋ならではの工夫で凌ぎましょう。

法規上、柱の芯から樋の先までが1m以上あると床面積に数えられ、敷地面積に対して定められた割合の建蔽率にも加算されます。また深くするほど、風の吹き上げや屋根からの加重など、受ける力に対して構造を強化しなくてはなりません。垂木（棟から軒端に架け下ろす材）を太くする、柱を立てるなど方法はいくつかありますが、軒下に柱を立てた場合は下屋《げや》とみなされ、床面積に加算されます。

軒下の利用は、小さな家には欠かせません。軒の深さは1m位でも、洗濯物干し、野菜の乾燥、雨の日の作業、ときには子供たちの遊び場など、何役もの働きをします。実用的な役割以外にも、軒が落とす影は建物に陰影をつけ、奥行きを感じさせる効果があります。

戸外と親しむ暮らし

庭の緑を抜けて室内に入る涼しい風

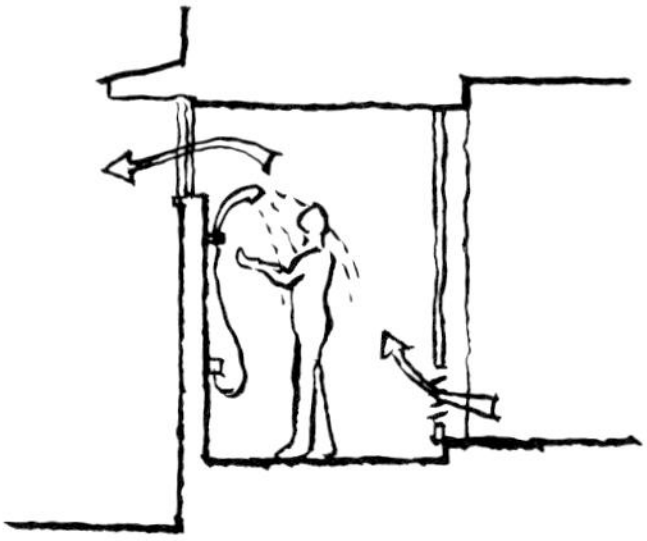

下から上へ、湿気は高窓へ抜ける

半戸外の部屋、土間とデッキ

平屋暮らしでは、土と親しむことが増えます。小さくても庭に果樹や畑があると、毎日の楽しみが広がります。そのとき、内と外とを気軽に行き来できる仕掛けがあれば重宝します。

土足のまま入れる土間は、泥付き野菜をそのまま持ち込んだり、保存食の加工や備蓄、庭仕事の道具置き場、DIYの作業場などにも使えます。独立した土間をつくるのは無理な場合、玄関土間を少し広げる、玄関ポーチを充実させるなどするとよいでしょう。

また部屋から段差なく続く広いウッドデッキは、半戸外の部屋としても活躍します。そのとき、室内の床板と同じ方向にデッキの板を張ると、床が外に延長したように感じられ、部屋の広さを補います。

窓——眺めと採光

平屋はどの窓も地面に近いので、戸外の眺めを取り入れやすいことは長所です。しかしどこにも絶景が開けるわけではなく、また窓を同じように並べては、景色が連続して見えるだけで、単調になりがちです。景色のよいところが、よい角度から見えるように、高窓、肘掛け窓、掃出し窓、地窓などを使い分け、適所に設けます。

右／デッキの掃出し窓から浴室の高窓に風が抜ける。　左上／隅に設けた窓からの光が直交する壁を明るく、窓側の壁には陰りを生む。　左下／軒下のデッキは物干し場にも使う。室内からは壁裏になり、洗濯物は見えない。

窓は光の入口でもあります。たとえば、壁の一隅に窓を設けると、直交する壁を明るく照らし、窓側の壁には少し陰りがでます。窓の位置により明るさにメリハリがでるわけです。室内の明るさは均質でないほうが奥行きを感じられます。

また土に親しむ平屋では、盛夏の庭仕事でぎらぎら太陽に照らされた後、屋内の日陰に入ると心も身体もほっとします。あえて暗がりに憩う場所も用意してはいかがでしょうか。

窓──通風

もう一つ、窓には通風の働きがあります。空気溜まりができないように窓を配置します。夏にはよく風が通るよう、入口と出口とを対で設けます。2階建てなら熱気は上階へと抜けますが、平屋の場合は、床まで開いた掃出し窓と、どこかに高窓を設けるとよいでしょう。高窓を湿気の溜まりやすい浴室に設ければ、浴室の乾燥にも役立ちます。

庭の緑を抜けて部屋に入る風は、涼しく気持ちよいものです。しかし、窓は大きいばかりがよいわけではありません。どこかにまとまった面積の壁を残すことで、部屋は落ち着いた感じになります。また壁裏には洗濯物の干し場などを設け、室内からは見えないようにすることもできます。

引戸のすすめ

四畳半の障子。部屋の小ささにも合った、持ちやすい小ぶりなサイズ(W490 × H1260㎜)。組子も細めのデザイン。

小さな家は基本的にワンルームとして考え、他の部屋を取り込むことで狭さを解消します。その時、引戸という優れものを生かさない手はありません。引戸は、開け閉めの動作時の前後に身体の移動がないので、高齢者や車椅子の人にも使いやすく、開閉スペースも少なくてすみます。

間仕切りとしての引戸は、部屋と部屋をつなげたり分離したり、一つの場所を時により使い分けられます。普段は開放して家中をつなげます。ひと目で見わたせる距離が長くなり、うまくすると家の最大幅が見え、当然広々とします。床・壁・天井が同じ素材であれば、なおのこと一体化した広がりになります。

そこで大事なのは、引戸の存在感を消すことです。敷居やレールなども目立たないように、床板に平行な引戸には床埋め込みのレールを使い、板に直交して目立ちそうなときは吊戸にしてレールをなくすなどします。

少し開ける、半分開けるなど、加減して止められるのも引戸のよいところです。部屋ごとに通気・換気がとれなくても、廊下など他の部屋につながっていき、家全体に風が流れればよいわけです。

内と外をつなぐ木製建具

防火の法的制限がない地域でしたら、庭に面した開口部

右／ガラス戸を閉じて陽光だけを得る。
左／鍵付き竪格子の網戸を備えて、視線を遮りつつ通風を図る。

だけでも、戸外の風景と違和感なく溶け込み、手触りもやさしい木製建具にしたいところです。木製建具は注文製作なので、大きさも形も望むものが得られ、枠や框《かまち》の太さも窓の大きさに合わせてデザインできます。室内からは枠や框が見えないようにして、ガラスだけが見えるフィックス窓のようにすることもできます。

　引戸がすべて壁側に引き込める「全引込み戸」にして全開すると、室内と戸外の境界が消え、より開放感を味わえます。

　ところで木製造作建具には気密・水密・断熱性が低いという弱点があります。それを解消した既製の気密木製サッシもあるのですが高価です。注文製作の建具は枠と建具の召し合わせの形や、隙間を埋めるパッキン、建具同士を密着させる引き寄せ金物など、性能を上げる気遣いが必要です。内から外に、障子、ガラス戸、網戸、雨戸というように建具を重ね、気候や時間によって使い分ければ、ほしいものだけを屋内に導くことができます。また鍵付きの格子の網戸をつくれば、外からの視線を遮りながら通風を得ることができ、防犯上も安心です。

　建具は窓拭きや網戸の掃除、障子の張り替えなどをしやすいように、自分の手に負えるサイズと重さを考えておくと、後々の手入れを自分でしやすくなります。

将来の変化に備える

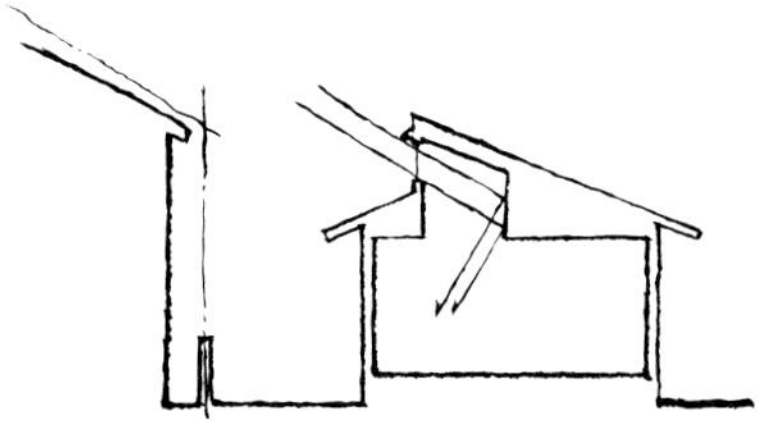

ハイサイドライト

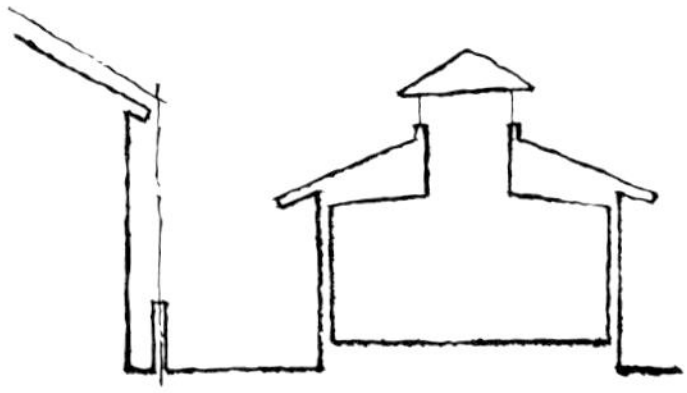

拡散光

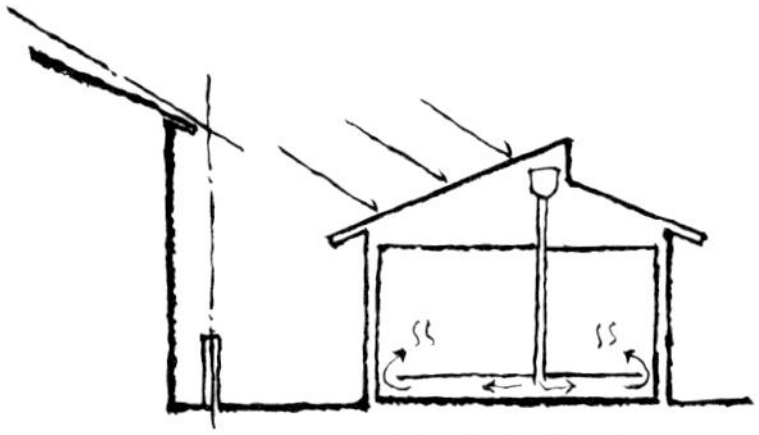

太陽熱を利用する

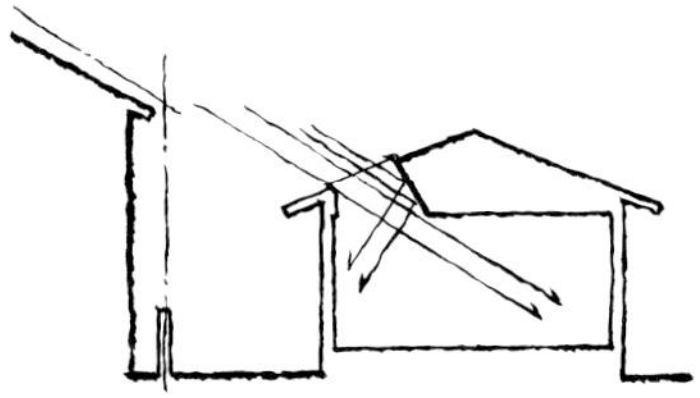

トップライト

周囲環境の変化

平屋を建てた後、隣の空き地に家が建ってしまい、部屋が暗く寒くなったり、視線が心配で窓が開けられなくなった……などということがあります。近い将来に周囲が変わりそうな場合は、トップライト、ハイサイドライト、越し屋根からの拡散光を計画します。屋根に注ぐ太陽光で床暖房することもできます。室内も家具配置や簡易間仕切りで使い方を変えられる間取りなど、対策を考えておきます。

暮らしの変化

小さな家では将来、家族の持ち物が年々増えることを考慮して、収納計画を立てておきたいものです。小屋裏は高さ1・4m以下で、下階床面積の2分の1未満であれば延床面積には算入されないため、小屋裏収納を設ける例もありますが、小屋裏に梯子で上り下りするのは大変です。

最初から将来の増築を予定している場合は、その対策を考えておく必要があります。耐震に関わる柱や壁は後からでは撤去できないものがありますし、形状が変わることで偏芯して耐力に影響することもあるからです。

建築基準法では、一つの敷地に一つの建物が原則ですが、物置、勉強部屋、茶室など、住宅としての機能が成立しない建物であれば、離れを作ることができます。

手入れのしやすい平屋

住みよく自分でもメンテナンスしやすい平屋は、無理の少ない住まいです。家が大きくてよいこともたくさんありますが、自分の管理能力にあっていないと辛いものです。目配りの利く家に住み、大事に手入れしながら暮らすことで、居心地もよくなり、家への愛着も増します。

室内は、天井の一番高い所でも長柄箒で煤《すす》が払えるくらいの高さにします。照明器具の塵は払えるか、エアコンのフィルターに手が届くか、ガラス拭きは台に上らなくても手が届くか、等々。装備なしで隅々に手が届くと、日常の掃除で軽くすませられます。

また家を建てるときに、建築材料の種類を絞ることで、必要な道具や材料・洗剤などの種類が減り、建築費の無駄をなくすとともに、その後の手入れも楽になります。

外回りも、平屋は家そのものが低いので、デッキからなら軒に手が届き、自分で雨樋の掃除ができますし、屋根の様子が点検できます。将来、外壁や窓まわりの塗装が必要になって専門業者に依頼する場合でも、大がかりな足場を組まなくてすむでしょう。ある程度は自分でもできます。外の木部はどうしても傷みがちですから、早めの対処が長持ちのコツです。

庭木の繁茂も建物に影響しますから、ほどほどの風通しが保てるよう剪定します。

家の計画は本来、1軒全体で考えるべきものです。住み心地のよい小さな平屋のつくり方を、3例で解説します。

変形敷地を生かして、奥行きと広がりを求めた家。

●延床面積／56.3㎡　家族構成／1人

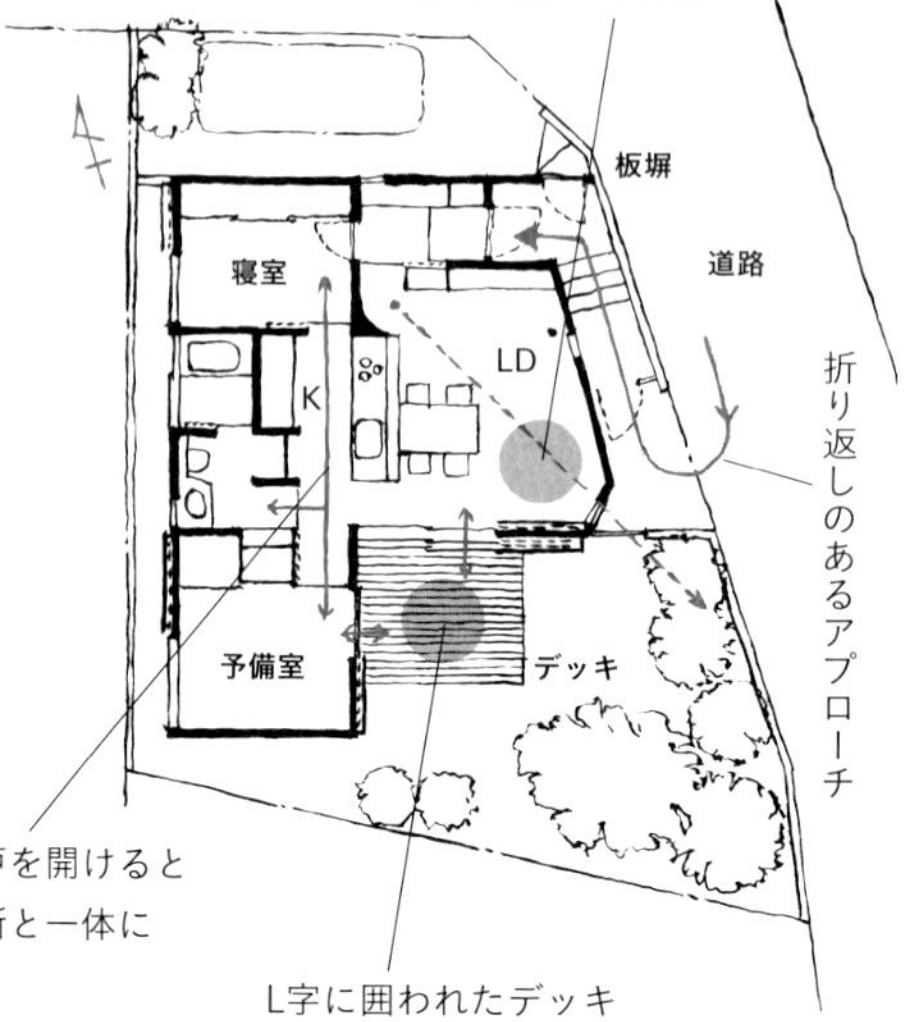
斜めの壁が空間に
ふくらみを与える

変形敷地を生かして、道路にほぼ平行のアプローチと変形の居間食堂をつくりました。折り返して玄関に至るアプローチは狭いながらもゆとりを感じさせます。少し上がった玄関ポーチは、低い板塀で囲んで道路からの視線を切りました。狭めの玄関から居間へ入ると対比で広く感じます。入口から目に入るのは対角線上の窓、視線は外部に抜けていきます。道路側にまとまった面積の壁があり、落ち着いた感じです。家は四角い方が工事も家具配置もしやすいのですが、あえて斜めの壁にしたことで部屋に包むような優しさを与え、ふくらみが出ました。

小さい家は単調になりがちなので、窓の大きさ、向き、高さを変えることで眺めに変化をつけています。

L字型の平面は室内から我が家の一部が見え、なんとなく安心感があります。二方向を囲われたデッキは、半戸外の部屋の趣になります。

部屋の天井高は部分的に変えてリズミカルな流れをつけましたが、隣室とつながるところは高さを揃え、仕上げ材も同じにして連続感を出し、狭さを感じないようにしています。天井高が210㎝位ならば出入口の引戸は床から天井までの一枚扉にでき、引戸を開けていると、部屋も廊下も一体になります。ぐるりと回れる動線により、狭い家でスムーズに動けます。

高齢者の居心地を求めて、和室とデッキのある家。

●延床面積／63.2㎡　家族構成／母娘

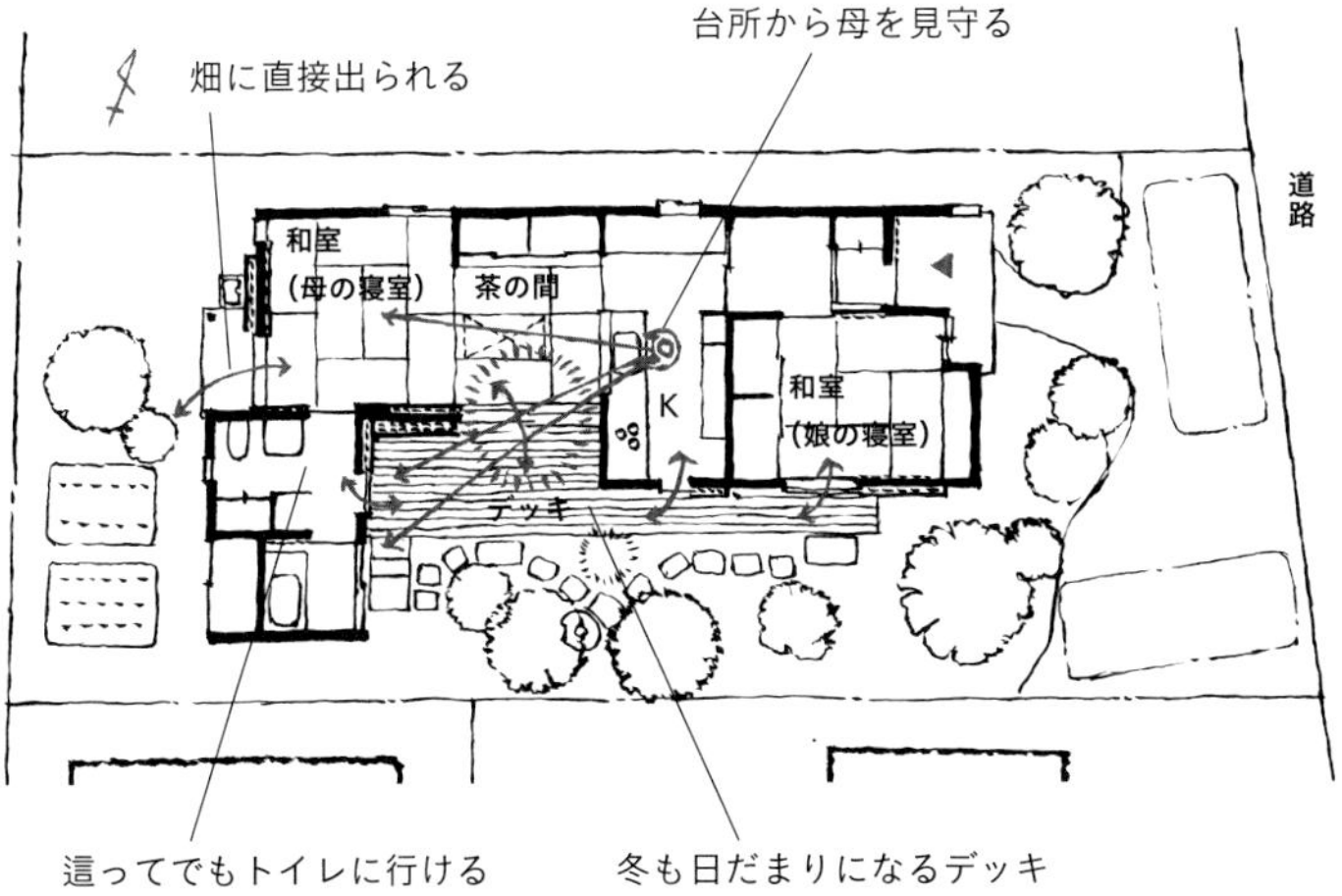

「長く住んでいた家は、寒くて段差が多く、母には辛くなってきましたから」と、同居の娘さんからの依頼で建てた平屋です。以前は2階屋でしたが、上にいると1階の母親の気配がわからず心配でした。

敷地は東西に長く、東には小高い山があり、陽が当たるのは9時か10時。南には2階建ての隣家が並び、1階にたっぷりの陽射しを期待するのは難しそうでした。そこで冬の日当たりがよい唯一の場所に、デッキに面して掘り炬燵のある茶の間を配しました。そこは母親の特等席。日向ぼっこをしながら庭の四季を喜び、夜は隣家の屋根越しに月を眺めます。母親が慣れ親しんだ暮らしと変わらぬように茶の間も、続く八畳の居室も畳敷きです。玄関扉も間仕切りも建具はすべて引戸です。開け放せば、台所に立つ娘は、茶の間・母の寝室、デッキ越しに洗面・浴室まで見渡せます。母を見守ることができ、互いに安心です。東側の四畳半は娘の寝室で、台所や茶の間へは、南庭に面したデッキからも行き来できます。

母親は、八畳に布団を敷いて休みます。洗面・トイレまで這ってでも行けるよう、低い位置に手すりをつけました。洗面所はデッキに続き、洗濯物を干す楽しみもできました。八畳から畑に出て野菜を採るなど、生活がそのままリハビリです。平屋にしてから、暮らしの楽しみが広がりました。

小さな家を自在に住みこなす愉しみ。

●延床面積／57.5㎡　家族構成／2人

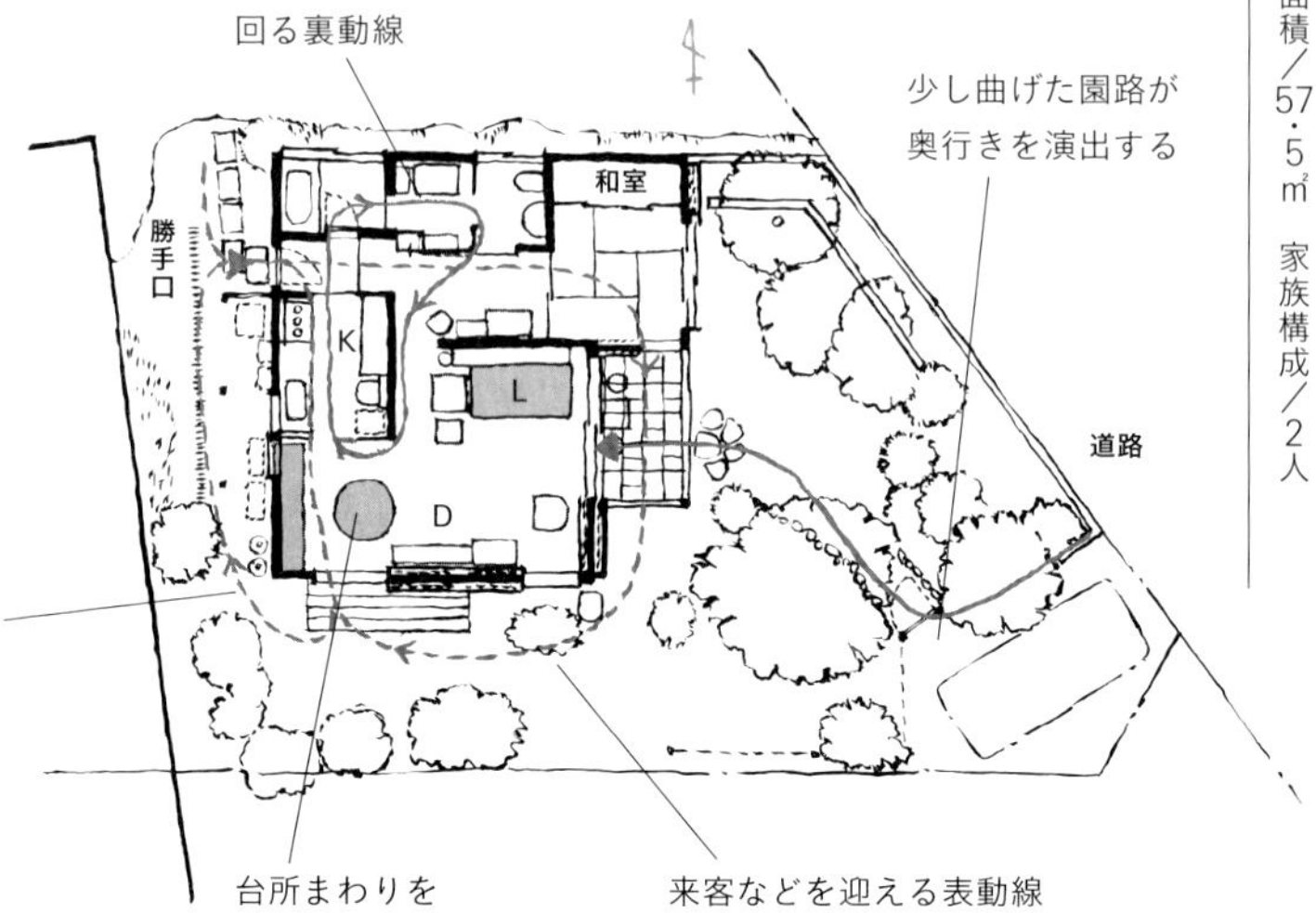
台所から浴室・洗面所を回る裏動線
勝手口から内外を回る裏動線
台所まわりを仕事場と食事の場に

家の配置

この平屋の場合、南に2階屋が建つ可能性があったので、南の境界からは3・5m離しました。南の窓は最低限の採光を得られるよう小さく開き、屋根に当たる直射日光を利用して太陽熱の暖房を施しました。外からの視線は庇と植栽で遮ります。

変形敷地を活かして東のアプローチを長くとりました。入口までの園路は少し曲げて、近付いてゆくと木の間の向こうに家が見え隠れします。ほんの少し園路を曲げるだけで奥まった印象を演出し、家に落ち着きを与えます。ここは来客を迎える表の動線。対して勝手口は西にあり、台所や洗面所などいわば裏動線とスムーズにつながっています。

裏動線のすすめ

小さな家でも、家族それぞれくつろいで過ごしたい。他の人を煩わせずに、そっと動きたいときもあります。そのためには動線計画が大事です。居間・食堂を表とすれば、台所と水廻りは裏です。裏動線では、調理・ゴミ出し・洗濯・庭仕事など日常の家事をこなす一連の流れがスムーズにできるように計画します。勝手口から台所へ、洗濯機のある洗面所へ、行き止まりを作らず、開け放せる引戸でつなぎ、ぐるりと回れるようにしました。

右図のLDKの家具配置（子育て中）を変える。
子育て後は、机（仕事場）をL側に移して（写真上）来客を迎えるしつらえ。
ソファ兼ベッドは台所の横に移して休息の場に（写真下）。

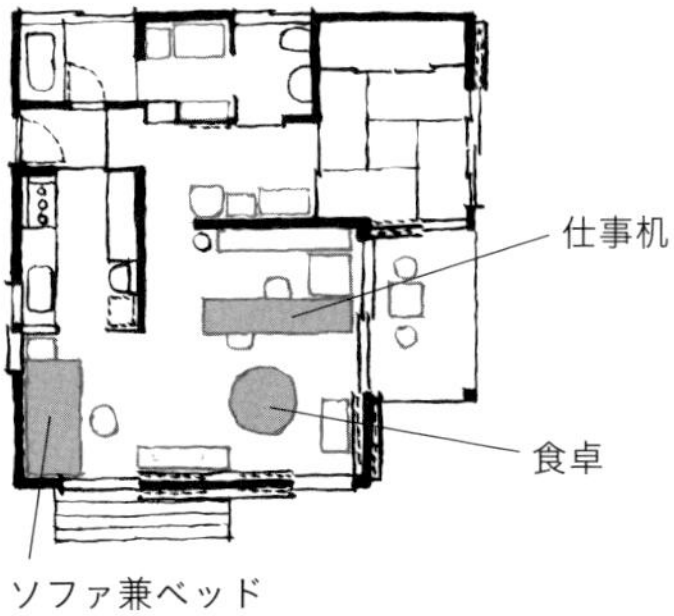

広く感じさせる家具と照明

限られたスペースを広く見せるためには、背の高い家具はなるべく置きたくありません。食事のテーブルは低め（68㎝）にして、椅子も肘掛けがテーブル下に入るものを選びます。

小さな家でも、どこかに「広い」と感じる場があると、豊かな気持ちになれます。そこは目を休める空き地。ここでは居間に意識的に広い壁面をつくりました。

照明は、光源を低めにし、必要な手元はスポットを当てるように照らします。部屋の四隅まで煌々《こうこう》と照らすと、かえって狭さを感じてしまいます。

自在に住みこなす

小さな家は、暮らしの変化に対応できるよう備えます。畳の部屋は、柔軟に用途を変えられるので重宝します。間仕切りのないワンルームは、家具配置を変えれば自在に居場所をつくることができます。子育て中は、台所に続く食卓や仕事机が重宝しますし、子育てを終えた後は仕事机を居間に出して、来客に対応できます。老後は、台所脇にベッドを置き、カーテンなどで囲って使えます。

ここは何をするところと決めないで、朝昼晩、春夏秋冬、一番居心地よいところを見つけて家具を移動します。

第3章

建築家・堀部安嗣と「林芙美子記念館」を訪ねる。

「林芙美子記念館」は、小説家・林芙美子（1903〜1951）が一九四一年（昭和16）から十年間、亡くなるまで住んだ家です。当時、戦時統制下にあり、延床面積は100㎡（30坪）以下という規制があったため、芙美子名義の生活棟と、画家である夫・手塚緑敏名義のアトリエ棟を建て、その後すぐに二棟をつなぎ合わせました。この家を高く評価する建築家・堀部安嗣氏と生活棟を訪ね、寝室、書斎、書庫のあるアトリエ棟なしでも十分に暮らせる「小さな平屋」として、その魅力を聞きました。

私が最初にここを訪ねたのは、大学を卒業したばかりの頃。東京・新宿下落合の閑静な住宅街に、ゆるやかな坂道に面して建つこの家の清らかで実用的なつくりに感銘を受けました。一見、昔であればどこにでもあるような家です。けれど、よくよく見ると、全然あたりまえじゃない。この住宅だけがもっている魅力があると思い、その後も何度か通ってその魅力を探ったことを思い出します。東京で、元々建っていた場所で公開されている古い建物は少ないけれど、ここは保存状態もよく、稀有な存在でしょう。

独立してすぐ自分の実作がまだ東京になかったときには、私の価値観や建築の考え方を設計依頼者に伝えるために、ここに同行していただいたこともあります。建築は五感で感じるものです。実際の空間にお互い身を置きながら、〝ああ、こんな雰囲気いいですね。この場所は気持ちいいですね〟などと会話をするのが、設計の拠り所を探す意味でも、その人を知る意味においても、とても有効なことと思ったからです。

面積制限と恵まれた敷地あってこそ

ここでは、延床面積は100㎡（約30坪）以下という規制が、「足るを知る」というか、全体に無駄のない寸法スケールで、それがいい方向に働いていると思います。三〇坪程の小さな家は、細部まで自分の目が行き届き、すべてを自分で把握できる。一人でいても寂しくない大きさです。

それと、ここは敷地が素晴らしい。北から南に向かって斜面になっている南斜面の高台で、水はけがいいところです。たとえば動物図鑑で、もし「ヒト」という項目があれば（笑）、棲息しているところは南斜面の水はけのいいところということになるはず。動物の本能として南斜面を選ぶと思います。そういう意味では人の住まいとして、申し分のない敷地です。

面積制限と敷地の素晴らしさという二つの背景があって、この建築の魅力が生まれた気がします。

庭側から見る南側外観。瓦屋根が美しい。樹木に包まれてひっそりと佇む。

木々に包まれた謙虚な平屋

アプローチはさほど広くないけれど、曲がることで奥行きをだし、期待感と深さを感じさせている。たぶんこのアプローチや庭は、建築家が細かに指示してできるものでなく、熟練の庭師が自然にやってしまった仕事だと思います。作為なくつくられるラインは設計図からだけでは生まれません。

南の庭から見る瓦葺きの家の佇まいも美しいですね。平屋は低いから、木々に包み込まれるようで、謙虚な感じが好ましい。この家に限ったことではありませんが、平屋は隣家に圧迫感を与えず、日照、通風を与える利他的な佇まいであると同時に、自身の家の庭にも陽光、風を与え、すべての窓の景色が明るく淀みがなくなります。

通気と採光のための越し屋根のある瓦屋根も印象的です。当時は瓦屋根があたりまえでしたが、瓦を使うと屋根勾配はおのずと四寸半か五寸ぐらいに決まってきます。その何がいいかというと、日本の山並みの稜線と合ってくるのです。だからかならず風景に馴染む。そういう必然性が日本の風景をつくってきたという意味でも、瓦はとてもいい材料だと思います。

正方形が基準のプラン

東西に長い敷地で、最初から西側にアトリエ棟を建てる青写真があったわけですが、東西南北の敷地のよさを読み取って、じつにプランがよくできてますね。小さい面積のなかで、いかに広がりを出すかに注力されていて、プランを練りに練っている。

平面図を見るとわかるように、ほとんどの部屋に出入口を二カ所とっています。客間は玄関（取次ぎ）と廊下の二カ所から入れるし、茶の間と洗面所は縁側からも廊下からも入れる。台所は勝手口と連動している。ぐるぐる回れる動線で、エンドレスにつながっているので、広がりと奥行きが感じられます。

この家の動線として不可欠な廊下は、幅四尺（約１２００㎜）ですから余裕があって、気持ちよく楽に移動でき

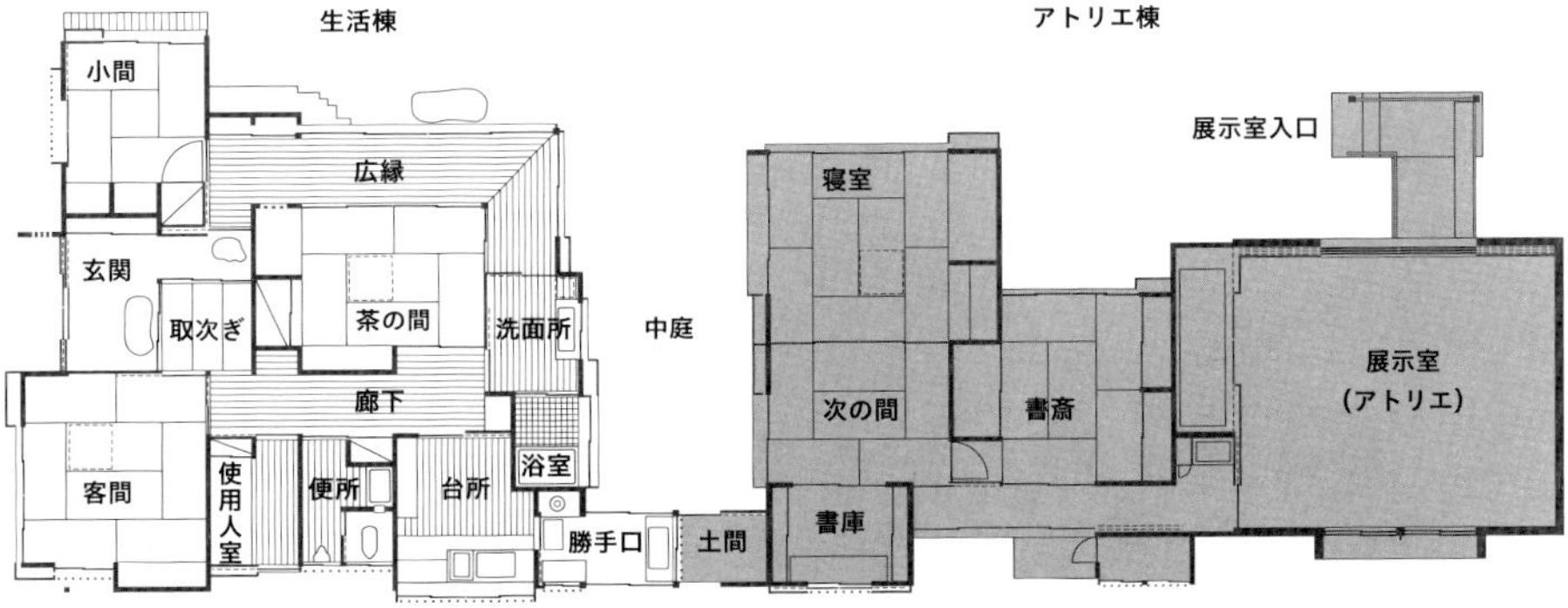

平面図。東側（左）の生活棟と西側（右）のアトリエ棟を、勝手口と土間がつなぐ。間取りは「東西南北風の吹き抜ける家と云ふのが私の家に対する最も重要な信念であつた。客間には金をかけない事と、茶の間と風呂と厠と台所には、十二分に金をかける事と云ふのが、私の考へであつた。」（「家をつくるにあたって」）と記す芙美子の意向が生きている。

右／山道のようなアプローチを上り、東側に位置する玄関へ。　左／玄関を入ると、正面に取次ぎの間。右は客間へ。左手、沓脱ぎ石から上がると南庭に面した広縁。

ます。また、越し屋根があることで換気も図られ、光を採り込んで、廊下が陰湿になってない。

それから、部屋が正方形を基準につくられているので、「すわりがいい」というか落ち着きますね。客間（八畳）と小間（四畳半）は正方形ですし、六畳の茶の間も縁側を含めれば正方形、台所も玄関も概ね正方形。つまり大小の正方形で構成されているのです。昔の家は畳を敷くのでほとんど正方形でつくられています。八畳、四畳半は正方形です。長四角になる六畳は、京都の町家など伝統的建築にはほとんどありません。

旧来の日本家屋は二間つづきになっていて均質で、襖の開《あ》け閉《た》てによって部屋を広くしたり狭くしたりする例が多いのですが、ここはそうではない。各部屋の天井高や内法寸法が違い、それぞれの部屋に性格があってオムニバス的につくられています。それらをちゃんとつなぐ仕組みがあってカバーしてるんですけど、そこはさすが小説家ですね。それぞれの場に物語性がある。ここではこんな生活があって、こんな会話が聞こえてくる、というようなイメージがわく場所がそこここにあります。

廊下の延長上にある洗面所も快適です。二カ所から入れて、風も人の動きもこもらない。南の光が射し込み、モダンな明るい感じで、洗面所が一つの居室になっています。西側にある浴室は西日が当たって暖かい。北側の台所には大きな窓を設けて明るく、茶の間にも近くて給仕しやすいように配慮されています。玄関が東というのも朝日を感じながら出かけられる。こんなふうに東西南北の良さをうまく生かしているのです。

開口部と庭の関係

茶の間のL字型の開口部は、この規模の日本家屋では珍しいですね。縁側はたいてい一直線が多いけれど、ここは敷地西側のアトリエ棟との間にスペースがあるからL字型が生まれたのだと思いますが、これが効いています。対角線方向に気持ちが延びていき、広がりをだしている。対角方向は一般的に一・四倍の広がりを感じるといわれています。対角方向というのはいいですよね。人と人が真正面に向き合って話すよりも、ちょっと斜めの対角に座

上右／八畳の客間で、堀部氏。　上左／中廊下は小屋裏階（越し屋根）からの採光・換気
で心地いい場に。正面は客間。　下／床の間、掘り炬燵のある六畳の茶の間。右奥は小間。

南・西をL字に一間幅の縁側（広縁）が囲む茶の間。視線は対角線方向に延びてゆく。

る方がいいし、対角方向にある庭を眺めながら話をするのもいい。

客間の開口部は一間半を四つ割にして四枚の建具を入れているから、建具の幅は二尺（約６００㎜）。これは簡単に持てて開け閉めも楽で、取り外しもしやすいサイズ、ヒューマンスケールですね。ここに座って庭を眺めていると、オーセンティックな八畳は本当にいいと感じます。一人で居ても寂しくなく、四人居ても窮屈じゃない。

また、日本の家の庭がきれいに見える一つの秘訣は、庭の風景を窓枠ではなく軒先で切り取っていることです。風景の見え方に、近景・中景・遠景ができて、奥行きと陰影が豊かになります。かつてはこういうことがあたりまえにできていたのに、現代は建築への感覚が退化してしまったのでしょうか。でもこの豊かな感覚は遺伝子に残っているはず。その遺伝子を呼び起こすこともこれからの建築家の役割になるように思います。

形式から解き放たれた日本家屋

ある高名な映画監督が、「なんでもないこと、なんでもない会話、なんでもない風景。そういうところが美しい。けれど、時にそういうことを退屈に感じて、いろんなことをやっちゃうと飽きが早い。時間に耐えられない」というようなことを言ってましたが、人間の美意識はなんでもないところに美を見出すんじゃないでしょうか。戦後の住宅はあたりまえのことを嫌がって、常に新しい表現を求めてきたけれど、どうなんだろう？　なんてことなくて、なんでもないものが実はかけがえのないもので、失って初めて大切さに気づくのかもしれない。でも自分の仕事で、現代の価値観においてもこのエッセンスをどう発揮できるかとなると、なかなか難しい。

もちろんこの家には材料的なこととか職人芸的なディテールなどたくさん見るべきところがあるし、非常に贅沢なつくりです。その辺は、私はあまり明るくないけれど、かなり腕のいい一流の大工や左官が素晴らしい仕事をしているということは、わかります。例えば台所の流し台は、当時は一般的だった人研ぎ（人造石研ぎ出し）ですが、流し台の下の床も人研ぎなのが珍しい。水濡れに配慮しているわけで、細部にまで目が行き届いています。左官の

上右・左／台所。造り付けの食器棚、北庭に面して出窓がある。　下右／中庭からの採光で明るい洗面所と浴室。　下左／台所から勝手口。生活棟とアトリエ棟をつなぐ。

仕事も精度が高いですね。

それと、この家には、この部屋使えないなとか、なんとなく気持ちが悪いとか……そういう嫌なところが全然ないですね。昔の家はたいてい自分の身体が拒否するところがあるものですけど。それはなぜだろうかと考えていて、友人から聞いた、ある整体師の言葉を思い出しました。「人間の身体に必要なものはあたたかく、やわらかく、透明であること。その状態を意識していることが大事。反対に、冷たく、固く、淀んでいるものは身体が拒否する」と。建築は人のからだを包むものだから、建築の状態のありかたも同じことがいえるんでしょうね。

また、あの時代に女性が家を考え、つくったことがこの家を特徴づけていると思います。それまでは旦那、男が家をつくっていましたから。男は、数奇屋とか書院とか民家とか形式を重んじます。この家の魅力は、そういう形式性が全く感じられず、臭みや嫌味がなく、無理したり見栄を張ったところがないところだと思います。女性ならではの身体感覚、皮膚感覚の延長にあるといったらいいかもしれません。しかしその感覚が強すぎると、今度は構築性あるいは秩序が欠落して、行き当たりばったりの表現になってしまうのですが、そこを建築家・山口文象《ぶんぞう》（1902〜1978）と小説家・芙美子の構想力、審美眼がバックアップしたのだろうと思います。芙美子の現実を見つめる生活目線が、日本家屋の潜在的な魅力、自由を引き出した感じです。これは凄い化学反応を起こしたようなもので、この家が唯一無二の家である所以《ゆえん》ではないでしょうか。

歴史的にこの実現は稀なことだったように思うと同時に、旧来の日本建築の構築力をしっかりとベースにしながら、民主主義の現代の住宅に通じる現代性、有用性、明るさ、あたたかさをもっていると感じます。これからの住宅を考えるにあたって示唆に富む民家といえるでしょう。

右／当初、芙美子の母が使っていた四畳半の小間。東側にわずかに張り出した窓、南庭に面した掃出し窓から光が射し込む。左／小間の南側外観。濡れ縁がある。

■新宿区立林芙美子記念館

所在地／東京都新宿区中井2-20-1

Tel. 03-5996-9207

開館／10:00～16:30(入館は16:00まで)

休館日／月曜日(月曜日が休日の場合は翌日が休み)、年末年始(12/29～1/3)

入館料／一般150円、小・中学生50円

http://www.regasu-shinjuku.or.jp

＊通常は建物内部への立ち入りはできないが、年に数回、特別公開日があるので、hpで要確認。

堀部安嗣（ほりべ・やすし）
1967年 神奈川県横浜市生まれ。1990年 筑波大学芸術専門学群環境デザインコース卒業。1991年益子アトリエを経て、1994年堀部安嗣建築設計事務所設立。2007年〜京都造形芸術大学大学院教授。2016年「竹林寺納骨堂」で日本建築学会作品賞を受賞。著書に『堀部安嗣の建築』『書庫を建てる』『堀部安嗣作品集』『建築を気持ちで考える』など。

緩やかな弧を描く坂のアプローチ下から見た玄関／堀部氏のスケッチ。

写真／雨宮秀也
編集／山田きみえ、西本和美、日下部行洋（平凡社）
アートディレクション／山口信博
デザイン／宮巻 麗（山口デザイン事務所）
プリンティングディレクション／高柳 昇（東京印書館）

小さな平屋に暮らす。

２０１７年10月4日 初版第1刷発行

編　者 山田きみえ
発行者 下中美都
発行所 株式会社平凡社
〒101-0051 東京都千代田区神田神保町3-29
電話 03-3230-6584（編集） 03-3230-6573（営業）
振替 00180-0-29639
ホームページ http://www.heibonsha.co.jp/

印刷 株式会社東京印書館
製本 大口製本印刷株式会社

ISBN978-4-582-54460-2
ＮＤＣ分類番号527
Ａ５判（21.0cm） 総ページ128